언어의 민족적 특성에 대하여

언어의 민족적 특성에 대하여

Über den Nationalcharakter der Sprachen

빌헬름 폰 훔볼트 Wilhelm von Humboldt

안정오 옮김

KOREA
UNIVERSITY
PRESS
고려대학교
출판문화원

❖ 이 책의 집필은 2016년도 고려대학교 인문대학 특성화연구비의 지원으로 이루어진 것이다.

❖ Der Mensch denkt, fuehlt und lebt allein in der Sprache.(Humboldt GS IV:432)

들어가는 말

빌헬름 폰 훔볼트(Wilhelm von Humboldt 1767-1835)가 평생 동안 관여한 분야는 매우 다양하다. 언어학, 철학, 교육학, 문학, 민속학, 정치학, 법학 등이 그것이다. 하지만 그가 남긴 가장 큰 업적은 '언어학'과 '언어철학'에 관련된 것들이다.

훔볼트의 유작들은 라이츠만에 의해 17권 분량으로(Humboldt, W.v.: 1903ff. Wilhelm von Humboldts Werke. Bd. 1-17. Hg. Albert Leitzmann. Berlin. Hg. von d. Königlichen Akademie der Wissenschaften.)[1] 정리되어 독일 베를린에서 출판되어 나왔다. 이 중에서 특히 언어학과 관련된 그의 작품은 다음과 같다.

- 1795-96, *Über Denken und Sprechen*. In: Humboldt GS VII.(사고와 말하기에 대하여)
- 1801-02, *Fragmenten der Monographie über die Basken*. In: Humboldt GS VII.(바스크에 대한 독백 단편집들)
- 1820, *Über das vergleichende Sprachstudium in Beziehung auf die verschiedenen Epochen der Sprachentwicklung*. In: Humboldt GS IV.(언어 발달의 여러 시기와 관련지은 비교언어연구에 대하여)
- 1820, *Über das vergleichende Studium*. In: Humboldt GS IV.(비교연구에 대하여)

1 이 전집은 여기서 Humboldt GS로 표기한다. 이외에도 1988년에 플리트너와 기일 Flitner / Giel 이 훔볼트의 언어학과 언어철학 등 여러 분야의 논문들을 모아 5권으로 출간한 '다름슈타트 판'이 있다. 이 책은 Bd.1-5로 표기한다.: *Werke in fünf Bände*. Hg. von Andreas Flitner und Klaus Giel. Darmstadt: Wiss. Buchgesellschaft 참조.

- 1821, *Versuch einer Analyse der Mexicanischen Sprache.* In: Humboldt GS III.(멕시코 언어의 분석의 시도)
- 1822, *Über den Nationalcharakter der Sprachen.* In: Humboldt GS IV.(언어의 민족적 특성에 대하여)
- 1822, *Über das Entstehen der grammatischen Formen und ihren Einfluss auf die Ideenentwicklung.* In: Humboldt GS IV.(문법적 형식의 생성과 그 문법적 형식이 관념 발달에 미치는 영향에 대하여)
- 1824, *Über die Buchsabenschrift und ihren Zusammenhang mit dem Sprachbau.* In: Humboldt GS V.(문자와 언어 구조와의 관련성에 대하여)
- 1824-6, *Grundzüge des allgemeinen Sprachtypus.* In: Humboldt GS V.(보편적 언어원형의 기본 원리들)
- 1827, *Über den Dualis.* In: Humboldt GS VI.(쌍수에 관하여)
- 1827-29, *Über die Verschiedenheiten des menschlichen Sprachbaues.* In: Humboldt GS VI.(인간 언어 구조의 상이성에 대하여)
- 1827-29, *Von dem grammatischen Baue der Sprachen.* In: Humboldt GS III.(언어들의 문법적 구조에 대하여)
- 1830-35, *Über die Verschiedenheit des menschlichen Sprachbaues und ihren Einfluss auf die geistige Entwicklung des Menschengeschlechts.* In: Humboldt GS VII.(인간 언어 구조의 상이성과 인간 언어 구조가 인류 정신 발달에 미치는 영향에 대하여)

앞에서 소개된 훔볼트가 저술한 언어학 관련 논문들을 정리하여 그의 언어사상을 살펴보면 언어기원에 관한 것, 언어본질에 관련된 것, 언어와 사고와 관련된 것으로 요약할 수 있다.

언어철학과 언어학 분야에서 줄곧 빈번하게 인용되고 언급되는 것이 훔볼트 논문이고 훔볼트라는 이름인데 이상하게도 훔볼트의 13편의 논문 중에서 한국어로 번역되어 있는 것은 단지 1930-35년에 출간된 논문의 부분적인 번역뿐이다.[2] 물론 훔볼트와 관련된 논문들과 해설서 번역은 다양하

2 신익성 훔볼트 1,2권. 1985, 1998. 서울대학교출판부.

게 나와 있다. 특히 이성준의 3권의 훔볼트 관련 논문집(훔볼트의 언어철학 1999, 인간과 언어의 정신활동 2007, 언어 교육 예술 2013)은 매우 전문적이며 훔볼트의 다양한 주제들을 다루고 있으며, 허발의 "언어와 사고"는 훔볼트와 관련하여 사고와 언어의 문제를 깊이 있게 연구해 낸 결과물이다. 더 나가서 유르겐 트라반트Jürgen Trabant는 *Traditionen Humboldts*(1990, Suhrkamp)에서 훔볼트와 관련된 여러 가지 주제를 명확하게 해설해 주고 있는데 이를 안정오(공역)가 "훔볼트의 상상력과 언어"(1998)라는 제목으로 번역하여 내놓은 바 있으며, 2005년에 "훔볼트의 유산"에서 안정오는 훔볼트와 관련된 다양한 주제를 연구하여 발표한 바 있다.

이처럼 훔볼트와 관련된 주제에 대한 논문들은 풍요로운 데 비해 훔볼트의 원전 번역은 궁핍한 느낌이 든다. 훔볼트의 번역이 이렇게 활발하지 못한 것은 아마도 여러 가지 이유가 있겠지만 한편으로는 훔볼트의 서술의 난해한 서술방식이고, 다른 한편으로는 그의 학문의 깊이와 넓이 때문일 것이다.

예를 들어 그의 서술방식은 때로는 구어체이었다가 때로는 원칙적인 문어체 형식으로 진행되기도 하며, 지루하게 길며, 대명사와 축약형 문장이 매우 많이 나온다. 그가 사용한 복잡한 문체는 실타래처럼 꼬여 있어서 우선 정석으로 읽어 보고 다음에는 뒤집어 생각하고 난 후 신중하게 정독해야 이해가 되며 종종 그의 텍스트에 쓰이는 어려운 은유적인 표현은 19세기의 언어사용을 생각하고 문맥의 전후를 파악해야만 이해가 가능하다.

훔볼트의 학문적 깊이와 넓이는 이미 인정되어 있지만 그의 원전을 읽어 보면 실감이 난다. 예를 들어 언어적 현상 중 하나인 '쌍수'를 연구하기 위해 25쪽 정도의 작은 논문을 작성하는데 그는 30명의 학자들의 논문을 참조하였으며 약 40개의 언어를(라트비아어, 그리스어, 셈어, 아람어, 프라크리트어, 슬라브어, 라타우어, 게르만어, 랩랜드어, 웨일즈어, 킴리쉬어, 아랍어, 콥트어, 분트어, 말라바르어, 팔리어, 켈트어, 젠드어, 아르메니아어, 타갈어, 팜팡어, 호주 방언, 그린랜드어, 챠이마스어, 타마나그어, 퀸츄어, 아라우칸어, 체로키어, 그린랜드어, 이집트어, 히브리어, 토토나키쉬어, 세미트어, 아비폰어, 모코비어 등) 폭넓게 조사하여 비교하였다. 이처럼 그의 논문들을 읽어가다 보면 놀라울 정도로 깊고 넓음을 실감하게 되는데 이러한 난해한 훔볼트 논문을 통독하여 이해하는 것도 어렵지만 전문 용어를 통일시켜 조밀하게 연결지어 전체적으로 통일시켜 번역해 내는 것은 만만한 일이 아니다.

하지만 그의 사상의 핵심을 이해하기 위해서는 원전 번역이 필요하다. 원전을 읽어보면 원저자가 영향받은 사상들이 보이며 핵심사상을 직시할 수 있으며 그것을 활용하는 눈이 뜨이기 때문이다. 훔볼트에서 매우 자주 언급되는 '비교언어연구'라는 주제는 〈쌍수에 대하여〉라는 논문을 읽어보면 프란츠 봅과 같은 당시의 동시대 학자들이 이해한 비교언어연구가 어떻게 다른가가 실감이 날 것이며 〈언어의 민족적 특성에 대하여〉라는 논문을 읽어보면 언어와 사고 그리고 민족성에 대한 상관관계가 명확하게 드러나며 왜 훔볼트가 그의 기나긴 말년을 *Über die Verschiedenheit des menschlichen Sprachbaues und ihren Einfluss auf die geistige Entwicklung des Menschengeschlechts*(1830-35, 인간 언어 구조의 상이성과 인간 언어 구조가 인류 정신 발달에 미치는 영향에 대하여, 다른 이름으로 '카비어 서문')에 집중적으로 매달릴 수밖에 없었는가를 알게 될 것이다.

이 책에서는 훔볼트의 원전 번역을 위해 다음 세 편의 논문을 선정하였다:

- 1822, *Über den Nationalcharakter der Sprachen*(언어의 민족적 특성에 대하여)
- 1822, *Über das Entstehen der grammatischen Formen und ihren Einfluss auf die Ideenentwicklung*(문법적 형식의 생성과 그 문법적 형식이 관념 발달

에 미치는 영향에 대하여)

- 1827, *Über den Dualis*(쌍수에 관하여)

훔볼트가 저술한 언어학에 관련된 13편의 논문 중에서 위에 나온 세 편을 선정한 것은 나름대로 다음과 같은 이유가 있다.

첫 번째 소개하는 1822년에 작성된 *Über den Nationalcharakter der Sprachen*(언어의 민족적 특성에 대하여) 논문에서 우리는 훔볼트의 언어에 대한 기본 입장을 가장 교과서적으로 이해할 수 있고 또한 1830-35년에 작성된 '카비어 서문'의 방대한 내용을 어느 정도 가늠할 수 있기 때문이다. 두 번째 소개된 논문 *Über das Entstehen der grammatischen Formen und ihren Einfluss auf die Ideenentwicklung*(문법적 형식의 생성과 그 문법적 형식이 관념발달에 미치는 영향에 대하여)에서 우리는 훔볼트가 평생 동안 천착했던 문제 '문법형식과 관념발달의 상관관계' 그리고 '언어와 사고의 관계'에 대하여 보다 자세히 이해할 수 있기 때문이다.

세 번째 소개되는 논문인 *Über den Dualis*(쌍수에 관하여)에서는 그가 연구 대상으로 선택한 '쌍수'라는 문법형식이 어떻게 세계의 여러 가지 언어에 나타나며 그것이 어떻게 철학적인 현상 중 하나의 표징인 이원성과 연관되는가를 구체적으로 볼 수 있으며, 더욱이 그가 동시대인과 다르게 '비교언어연구'를 단행했는데 그의 전형적인 '비교언어연구' 방법론이 어떻게 진행되었는가를 자세하게 고찰할 수 있기 때문이다.

여기서 번역을 위해 채택한 원전은 다음 두 종류이다. 첫째는 독일 왕립아카데미에서 라이츠만Albert Leitzmann의 지휘 아래에 1903년부터 지속적으로 17권의 전집으로 발행한 *Wilhelm von Humboldts Werke*(Berlin. Königlichen Akademie der Wissenschaften)와 1988년 플리트너와 기일Andreas Flitner und Klaus Giel이 학습 연구용으로 다름슈타트Darmstadt에서 발행한 5권 분량의 *Wilhelm von Humboldts Werke in fünf Bände*(Darmstadt. Wissschaftliche Buchgeselschaft)이다. 현재 독일에서 가장 많이 이용되는 문헌은 두 번째 다름슈타트 Darmstadt판이다. 그래서 소개된 세 편의 번역을 위해 주로 사용된 것은 다름슈타트판이고 베를린 Berlin판은 참고와 대조용으로 사용되었음을 밝힌다. 그리고 유르겐 트라반트 Jürgen Trabant는 1985년에 *Wilhelm von Humboldt, Über die Sprache*(빌헬름 폰 훔볼트, 언어에 대하여)라는 책에서 훔볼트의 언어학과 관련된 논문들을 해설과 함께 모아 출간을 하였는데 여기에 나온 각주와 해설을 많이 참조하였다.

차례

1. 언어의 민족적 특성에 대하여

Ueber den Nationalcharakter der Sprachen (1822년 발표)

나는 예전의 학술원 강의에서 언어들의 상이성이 기호의 단순한 상이성이 아니라, 아주 다른 곳에 언어의 상이성이 있음을 주목하려 했고, 낱말들과 낱말 결합체들이 개념들을 구성하며 규정한다는 사실은 물론, 인식과 느낌에 대한 그들의 영향과 맥락 관계들을 고찰함으로써 사실상 수많은 언어들은 수많은 세계상이라는 사실에 대해 주목하려 했다.

나는 또 다른 강의에서 시와 학문적인 연구가 명확하고 자유로울 수 있는 그런 단계를 언어들의 구조에서 탐구하였으며, 그럼으로써 특별한 고유성을 고려하지 않고 이 모든 것에 적용되는 요구를 설정한 바 있다.

지금 나는 이것을 토대로 언어들이 정신적 노력의 가장 심오한 것과 가장 섬세한 것을 파악하는 상태에 있는 지점에서 그 언어들을 이해하려고 하며, 언어에 내재하는 힘을 가진 모든 언어가 모든 언어에게 공통적으로 있는 영역을 정신의 소유물로 바꾸기 위해 언어들이 상이한 방식으로 행동하는 그런 개별성만을 계속 고찰하기를 원한다.

개별성이 상이성의 단위라는 것은 언급될 필요가 없다. 개별성이란 어떤 언어가 다른 언어와 구별되는 상태에서 동일한 방식으로 작용되고 역작용하는 일체성을 사람들이 인식하는 그곳에서만 인식될 수 있다. 그러나 진정한 정신적 개별성은 이미 보다 높은 형성 단계에 도달한 언어에만 존재할 수 있다.

이러한 개별성의 연구, 즉 어떤 주어진 경우에서 보다 정확한 개별성의 규정은 언어 연구의 가장 어려운 과제이다. 이런 것들은 어느 정도까지는 느껴질 수는 있으나 서술될 수 없다는 것을 부인할 수는 없다. 그래서 그런 것들의 모든 고찰이 학문적 언어 연구의 영역으로부터 제외된 채로 있으면 안 되는가 어떤가에 대해서는 의문이다.

개별언어들의 구조와 구성요소들의 분석은 아무도 쉽게 거부하지 못 할 두 종류의 이점을 보장한다. 이런 분석은 인간이 언어에 대해서 행하는 방법을 조망하고, 언어들과 민족들의 기원에 대해 분명하게 판단할 수 있다.

이러한 두 개의 과제 중 마지막 것에서 대해서 여기에서 특별하게 자세히 언급하는 것은 불필요하다. 지금까지 사람들은 첫 번째 것을 대부분 철학적인 방식에서만 해결하려고 시도했다. 이는 순수한 사고를 게을리할 때마다 모든 학문적인 노력이 언제나 민감하게 보복을 하기 때문에, 사람들이 역사적인 방식과 더불어 철학적인 방식을 미래에도 언제나 추구해야 하는 것을 그렇게 나무랄 수는 없다. 나쁜 것은 사람들이 단지 사실을 통해서는 물론 불완전하게 수집된 사실을 통해서도 철학적인 연구를 입증하였다는 것인데, 이로 인해 대부분의 일반적 문법의 시도들에는 수많은 반쪽짜리 진실과 명백한 오류들이 옳은 것과 결정적으로 섞여 버렸다.[1] 역사적인 연구는 절대로 완전하다고 확신할 수 없다. 그러므로 순수한 사고가 적용되는 어떤 영역에서도 경험이 사고의 자리에 나타날 수 없다. 단지 역사적으로 알려진 모든 총합이 편찬되어 있을 때와 역사적인 것의 단 한 부분만

1 여기서 나는 여러 가지 담화 요소들의 형성 순서에 대해 일반적으로 주장된 것만을 기억하는데, 이 주장에서는 사람들이 때로는 명사를, 때로는 동사를 본질적인 것으로 취급했는데, 원래 명사와 동사가 전혀 문법적으로 나뉜 것이 아니었고, 동사가 아직 문법적으로 불완전한 낱말과 대명사의 연결을 통해서 비로소 생겨났다고 생각하지 않는다면, 대명사는 아주 늦게 생성되었다고 한다.

이 편찬되어 있을 때와는 완전히 다른 어떤 것이다. 왜냐하면 경험은 언제나 경험의 확대 수준에 따라서 일반성을 보장하기 때문이다.

그러나 비교언어연구를 통해서 역사적으로 다음 세 가지 측면이 서술되어야 한다.

1. 각 언어는 담화가 필요할 경우에 나타나는 여러 가지 과제를 어떻게 해결하는가?

한편으로는 문법적인 과제는 다음인데, 다시 말해서 각 언어는 개별적인 대화 요소들의 각각에 대해, 그리고 그것들의 연결에 대해 어떤 의견을 견지하는가?

각 언어는 어떤 표시방식의 문법적인 개념, 굴절의 첨가, 움라우트 등을 사용하는가? 이를 위해 각 언어는 어떤 음성들을 사용하는가?

아랍어처럼 특별한 언어만이 소위 아첨하는 음성들을 사용하는지 아니면 모든 언어가 그것을 사용하는지, 어떤 음이 각 개별적 경우에 사용되는가?

다른 한편으로 어휘적인 과제는 다음과 같다.

음성들의 의도로 보아 어떻게 낱말들은 낱말들로부터 생성되는가?

낱말들의 의미에서 개념들이 어떤 표상방식에 따라서 개념들로부터 도출되는가?

낱말들이 개념에 대해 어떻게 행동하는지? 즉 모든 개념이 해당 낱말에 지시된 것들을 만들어 내는지, 아니면 여러 가지 유사한 것들도 포함하여 처리하는지?

음성들과 음성들의 의미 사이에 어떤 인식 가능한 맥락 관계가 일어나는가?

2. 우리가 긴 시간대를 관통해서 추적할 수 있는 언어들은 언어의 내부

에 있는 변화들을 어떻게 경험했고 무엇을 경험했는가?

3. 공통으로 유래한 언어들의 경우에 보다 가까운 친족 정도와 보다 먼 친족 정도는 낱말 구조와 대화의 형성에서 어떤 상이성이 있는가?

여기서 제기된 질문들의 답변을 위해 우리에게 알려진 살아 있는 언어들과 사라진 언어들이 전하는 모든 사실의 체계적인 정돈은 일종의 시도인데, 이런 시도의 가능성과 중요성에 대해서는 아무도 의심하지 않을 것이다. 이 체계적인 정돈은 언어들의 제대로 된 수형 도표의 파악보다 선행되어야 한다. 왜냐하면 어떤 일치성이, 어떤 점과 어떤 규모가 기원이 동일하다고 결론내리는 것을 당연시하는지가 이 정돈에서부터 나올 수 있기 때문이다.

하지만 아직 역사적인 언어 연구의 세 번째 응용이 있는데, 이것의 어려움은 이미 앞에서 언급되었는데, 이것은 언어들이 사고와 감각에 대해 작용하는 개별성의 연구이다.

이러한 어려움이 나로 하여금 이 대상들의 취급을 어렵게 할 것이라고 나는 생각하지 않았다. 실제로 언어들이 어떤 정신적 작용의 특정한 형식을 지니는가라는 질문은, 그리고 이러한 형식은 언어들 안에서 어떻게 그리고 어디서 인식될 수 있는가라는 질문은 언어 연구가 연구의 가장 높고 중요한 관계 내에서 명확히 되는 것을 포기하지 않으려 한다면 절대 간과될 수 없다. 물론 살아 움직이는 힘들의 올바른 전망이라 해도 개별성 안에 있는 그런 힘들의 작용을 모조리 서술하겠다는 희망은 버려야 한다. 그러나 윤곽의 모습들을 사실대로 서술하는 것이 당연히 불가능하지만, 그 윤곽에 사람들은 가까이 다가갈 수 있고, 방향을 규정하는 많은 점들을 인식할 수 있어서, 정확한 서술에 모순되는 그런 것이 어느 정도까지 느껴지고 예상될 수 있다. 모든 언어의 연구가 전제하는 수많은 개별적인 것의 피곤

한 수집이 이러한 보다 높은 고찰들을 통해서 실제로 보상되기 때문에, 적어도 그 시도를 감행하는 욕심을 뿌리치기는 더욱 어려운 일이다.

민족과 시대의 독자성은 언어들의 독자성과 매우 긴밀하게 섞여 있어서, 사람들은 완전히 혹은 대부분 앞서 언급된 상황들에 속하는 것을 언어들의 독자성 탓으로 부당하게 돌리려 할 것이다. 그리고 언어들이 이것에 반대로 행동하는 것은 불편할 뿐이다. 이미 몇몇 작가들은 정신의 강력한 입김을 통해서 그 언어의 낱말들을, 즉 그 언어의 담화연쇄들을, 단지 다르게만 사용함으로써 작품 내에 있는 언어에 대해 어떤 새로운 특성을 부가할 수 있다. 그래서 다음은 명확한 사실이다:

1. 언어는 언어에서 발생하는 작용을 통해 개별성을 획득하는데, 개별성이 다시금 언어 특성에 영향을 미치고 언어 특성의 경계 내에서만 사용될 수 있는 한에서는 본질적으로 언어 특성이 되기도 한다.

2. 전체 시간대와 민족들을 통해서 대규모로 발생한 것이 언어를 통해서 개인에게 작용하기 때문에 언어의 영향은 더욱 더 결정적이다. 작용 원인의 유사성을 통해 유사하게 결정된 그런 개별성은 언어에 거의 모순될 수 없다.

3. 방금 언급된 것처럼 개별적인 고유성이 언어에게 어떤 새로운 특성을 부여할 수 있는 한에서는 그런 형성 능력도 역시 언어의 본질적 특성에 속한다.

4. 원인들과 활동들의 모든 결과들은 각 지점이 어떤 앞선 지점을 통해 조건지워지는 지속적인 연속이기 때문에, 그리고 우리의 역사적인 보조 수단들이 우리를 그런 순서에서 시발점으로가 아니라 단지 중간 지점으로만 옮겨 놓기 때문에, 우리가 생각하는 민족의 모든 개별 언어는 이미 어떤 정해진 형태로, 즉 정해진 낱말들로, 형식들과 첨가들로 이어져 내려왔다. 그

래서 언어에 의해 수용된 것의 역작용이 아니라, 이러한 민족에게 고유한 언어 자체의 특성이었던 그런 영향이 언어에 가해진 것이다.

5. 만일 사람들이 민족을 언어와 같이 생각한다면, 그로써 본질적인 특성은 그 민족에 의해 수용된 특성과 함께 언어 안에서 하나로 응집되게 된다. 민족들의 생성은 지속적인 선상에 있는 진행 과정이고, 언어보다 민족의 출발점이 적게 고려될 수 있으므로 어떤 민족이 생성 시기에 어떤 언어를 수용하는 그 확고한 지점을 여기서는 물론 적어도 역사적으로는 가정하면 안 된다. 우리의 역사학만은 어떤 민족이 그들의 언어 이전에 있었다는 가정이나, 다른 말로 표현해서, 어떤 언어는 그 언어가 속하는 민족을 통해서만 만들어졌을 것이라는 가정을 절대 당연하다고 생각하지 않는다. 그러므로 모든 언어에도 고유한 독자성과 작용 방식이 있다. 언어의 기원이 시간의 어두움으로 되돌아가는 그런 언어에서는 기원적인 특성에 관해 어떤 것도 더 이상 결정될 수 없기 때문에, 두 개의 특성을 연결하는 것은 중요치 않게 보인다. 그러나 라틴어의 자매 언어들과 같은 언어들이 우리에게 완전히 완성된 것으로 알려진 언어의 변화와 혼합을 통해서 생성된 곳에서는, 그리고 이런 경우처럼 초기의 문학이 후기의 문학에 영향을 미치는 곳에서는, 공통적인 것과 고유한 것의 구별은 쉽고 동시에 중요하다.

그래서 작용하는 원인들의 혼동 없이 언어들 안에 있는 고유성이 정말로 그 언어의 것인지 아니면 그 언어의 것으로 되어 가는 것인지가 인식될 수 있다. 그리고 사람들이 언어들 안에 있는 민족적 특성의 특징을 고려 없이 놔둔다면, 언어들의 심층적 본질과 의미 있는 다양성을 알아보지 못할 것이다. 또한 만일 사람들이 각자가 주로 어떤 언어나 어떤 다른 언어를 왜 배우고 어떻게 배우나를 설명하려고 시도하지 않는다면, 모든 언어들의 상이한 종류의 정신적인 발현과 고유한 방식 사이에 있는 미세하고 오묘한 친족성을 간과할 것이다. 언어와 관련이 없는 모든 표현 방식 안에서, 주관적인 개별성과 무관한 — 사고와 활동의 여러 가지 경로의 — 표현방식 안에서, 그리고 언어들이 소유하고 가정할 수 있는 그런 표현방식 안에서 민족들의 특성을 사람들이 고찰할 때만, 정신적인 노력의 무한하고 고갈되지 않는 전체가 합쳐진 통일성과 다양성에 대한 통찰에 다가갈 수 있다.

그리스인들의 예민한 언어감각은 시의 종류와 언어의 방법의 밀접한 맥락 관계를 매우 잘 인식하였으므로, 민족성이 더 이상 동기를 주지 않았어도 모든 시가 그 언어에 특별히 주어진 풍부한 언어의 방언으로만 실현되었다. 여기서 언어특성의 힘은 생생한 예들에서 보여지는데, 만일 사람들이 도리아 방언에 나타나는 산문시와 이오니아 방언에 나타나는 운문시를 바꾸어 생각한다면, 음성들이 아니라 정신과 본질이 교환되었음을 곧바로 느낄 것이기 때문이다. 보다 높은 운문은 아티카 방언이 없었다면 절대로 참다운 발전을 할 수 없었을 것이다. 더 나가서 이오니아 방언과 아티카 방언의 뚜렷한 친족성과 더불어 아티카 방언의 생성은 그래서 인간 사고의 역사에서 가장 중요한 사건 중 하나가 된다. 왜냐하면 낱말의 가장 높은 오성에 운문이 인간 사고 이전에 혹은 인간 사고와 무관하게 존재한다는 것은 매우 어려운 일이기 때문이다; 인간 정신이 가장 고상하고 자유로운 발전을 위해 필요로 하는 그런 운문은 인간 사고 안에서 그리고 인간 사고에 의해서 비로소 생성되었다. 이런 사실만이 이러한 일련의 연구에 부여된 독자적인 실현을 요구할 가치가 있다.

나는 앞에서 언어들에는 특성이 있다는 것과 있으면 어느 정도 있는지를 확정하려고 시도했다. 이 언어의 특성은 우선적으로 가장 완벽하고 순수하게 말의 생생한 사용에 놓여 있다. 그러나 언어의 특성은 말하는 사람과 듣는 사람과 함께 죽어 없어지는데, 그래서 우리는 언어들의 특성을 해당 언어에 남아 있는 죽은 작품으로, 그리고 그 언어들에 이런 죽은 작품이 없으면 언어 구조와 언어 요소들에 남아 있는 것으로 제한해야 한다. 보다 좁은 의미에서 우리는 이것을 언어들이 본래 가지고 있는 것으로 이해하거나, 아주 일찍 습득해서 어느 정도 낯선 것으로서 말하는 자들의 세대에 대하여 조건적으로 영향을 미치는 것으로 이해한다.

그러나 언어들이 이미 고사한 언어라 해도 일찍이 혹은 늦게 그들의 작품을 통해서 혹은 그 언어 구조의 인지만을 통해서라도 다른 언어와 접촉된다면, 이 언어들은 이러한 특성을 통해서 그 언어들이 속하는 모든 혈통의 민족을 넘어 폭넓게 작용할 것이다. 그러므로 언어들의 상호적인 영향은 이중적인 영향이다; 하나는 무의식적인 영향인데, 이 경우에 언어들은 본질과 특성을 이들로부터 분파되어 가는 언어들에게 전달하는 것이며, 다른 하나는 이 언어들이 다른 식으로 형성된 언어들의 민족들을 위한 연구 대상이 되거나 이런 언어들과 함께 생생하게 연결될 때, 의식의 명확성과 깊이와 비례해서 점차로 성장하는 영향이다. 지금 바로 두 개의 언어만 언급하자면 그리스어와 라틴어인데, 이들의 본래적인 구조를 볼 때 이들의 언어 장치는 고대 인도어에 있는 사고의 성공적인 표현의 덕택이다. 그러나 이러한 연결은 자연이 가장 지고한 정신적인 것도 준비하면서 작용하는 그런 방식으로 진행되어 나갔었다; 이것들 위로 칠흑 같은 밤이 도래했다; 그리고 이 연결은 역사에서 인도 땅 위에 유럽 민족들의 이주 없이 사라져 버렸다. 유럽 민족들에 의해 이러한 언어를 알게 됨은 바로 그런 이주를 실행한 민족들의 세계적인 성향을 위한 특별히 중요한 하나의 결과가 아니라, 그 언어의 사고의 넓음과 높이에 있는 인류를 위해서 아주 오래 지속되는 결과일 것이다. 이로써 사람들은 갑자기 고대로 넘어갔고, 표현과 특성에 따라 그리스적인 것을 넘어 멀리까지 이어지는 고대로 넘어갔는데, 사람들이 정신적 견해의 위엄, 의미 있는 고찰의 확고한 사수, 항상 전체 집단으로 만들어진 거대한 양의 자연 서술에 사로잡힌 채로 그대로 머물러 있는 바로 그런 고대로 넘어가 버렸다. 그러나 사람들은 고대 인도어가 우리 모국어와, 그리고 우리 모국어가 구성의 대부분을 이루는 데 기여를 한 고대어들과의 — 역사적으로 불명확하지만 — 관계를 통해서 우리의 오늘날 학문적인 진보에 미치는 그런 강한 영향에 시간이 흐르면 두 번째 영향이 연결될 것이라는 것을 확실히 믿을 수 있다. 우리 시대의 지식욕에 당연히 있을 수 밖에 없는 인도 문학과 인도어가 그리스 것들처럼 그렇게 알려진다면, 두 개 언어의 특성은 한편으로는 우리 언어의 처리와 우리 사고와 시에서 흔적을 남길 것이고, 다른 한편으로는 사고의 영역을 확대하고, 인간이 그런 것을 다루는 방법을 알게 하는 다양한 방식을 제공할 것이다.

이런 측면으로부터 언어들의 상이성은 세계사적인 관점을 얻는다. 여러 종류들의 고유성들의 혼합은 다음 세대에 오는 종족들에게 전달하는 새로운 형식들을 사고를 통해 제공한다; 관념의 힘과 영역은 같이 성장하고, 그리고 이것들은 관념으로 가는 길을 내는 노력을 두려워하지 않는 모든 사람의 공동 소유가 된다. 사고들과 주로 민족의 느낌들이 수천 년 동안 서로 연결되는 이런 연쇄적 현상은 급작스런 변혁들을 통해 부서지지 않는 한, 옛것이 언제나 새로운 성장을 수용한다고 해도 옛것은 절대 사라지지 않는다. 그리고 이러한 발전은 사고와 느낌 자체보다 한계를 덜 느낄 것이다.

모든 인간적인 제도들은 원하는 목적이 실제로 일단 완수되어 버리면 그것을 더 이상 완수할 필요가 없는 정점을 갖는다; 그런 제도들의 토대가 되는 관념만이 모든 다른 것과 더 많은 접촉을 통해서 무한한 데까지 보다 순수하고 완전하게 사고되고 느껴질 수 있다. 그래서 기독교의 전파를 통해 민족들 사이의 구분이 사라지고, 모든 민족의 보편적 친교를 가능케 한 노예제도의 폐지가 모든 지구상에서 일찍이 완성될 수 있으리라고 생각될 수 있을 것이다. 그러면 이러한 제도에는 더 이상 어떤 것도 부가될 수 없을 것이다. 자유에 대한 권리는 인간성품에서 기인하는데 이런 인간적인 본성에 있는 그런 권리의 인식을 토대로 한 이러한 자유의 내적인 위엄은 자유 권리의 인식에서처럼 자유의 성장에서도 거의 끝이 없다.

그러나 도달된 어떤 지점에 있는 모든 정지는 스스로로부터 금지되는 바로 그런 방식으로 언어는 사고 자체의 영역에서 작용한다. 왜냐하면 이는 진리의 탐구라는 언어의 소여성, 즉 정신적인 것이 어떤 확실한 경계를 추구하는 것과 같은 어떤 법칙의 규정이 아니라, 인간이 자신의 전체 내적인 힘을 발전시키는 그런 정서가 중요하기 때문이다; 인간이 그런 과정에서 무한적인 것을 추구하는 것처럼, 언어도 용기와 힘의 무한한 요구와 부여를 통해서 인간을 이끌고 간다.

그래서 언어와 정서의 상호작용에서 나온 발전은 사회적인 제도와, 그리고 그 제도에서 나온 관습적인 완성의 발전과 섞일 수 없으며, 학문과 예술에서의 발전과도 서로 섞일 수 없다. 이들이 비록 긴밀하게 관련이 있기는 하더라도 서로 섞일 수 없다. 그러나 언어의 영향으로부터 나오는 수확은 그 자체 내에서 두 가지 방식으로 나타나는데, 즉 고양된 언어 능력으로서, 그리고 독자적인 세계관으로서 나타난다. 사람들은 생각을 보다 잘 그리고 확실하게 처리하는 것을 배우고, 그 생각을 새로이 자극하는 형식들 안으로 부어 넣고, 그리고 순수한 생각의 속도와 단위를 계속적으로 발전시켜 나가고, 매번 구별하고, 다시 연결하는 언어가 계획하는 그런 구속을 거의 느끼지 못하게 하도록 배운다. 그러나 언어는 지시하면서 만들어 내고, 불확실한 생각에 대해 형태와 특징을 부여하는 것이므로, 보다 많은 언어의 작용을 통해서 뒷받침되고 있는 정신은 역시 새로운 방식으로도 사물 자체의 본질 속으로 침투해 들어간다.

서로 이어진 일련의 원인과 결과들이 연속되는 것은 우선적으로 세계역사에 속하는 속성인데, 그것이 인류의 모든 본질에 가까이 관련되는 것일수록 더욱 그렇다. 그래서 언어를 통하여 규정된 정서의 작용에 대해서 방금 언급된 언어의 영향에서 언어들의 상이성은 세계사적인 견해를 획득할 것이라고 나는 앞에서 말하였다. 왜냐하면 거기에서는 언어가 민족들 사이에서 지속적으로 정신적인 생산물을 만들어 내는데 그것을 중재하는 종족들을 통해서 과거와 현재가 연결될 뿐 아니라, 정신의 문자로의 보존이 시간과 멀리 떨어진 공간을 직접 서로 연결해 주기 때문이다.

그래서 언어들과 이들의 상이성은 인류의 역사를 관통하는 힘으로서 고찰되어야 한다. 그리고 만일 사람들이 이런 언어를 간과하거나 언어의 영향을 순수하지 않게, 혹은 너무 제한해서 파악한다면, 인류가 확실성과 명확성에 있는 사고의 제국으로부터 획득한 정신적 규모의 소유재에 어떻게 도달했는가라는 사유는 충분하지 못함에 틀림없다. 언어는 객관적인 사고의 생산과 주관적인 힘의 고조가 서로로부터 상호적 상승에서 나오는 그 지점에 가장 직접적으로 영향을 미치기 때문에, 그렇게 사유하는 것은 가장 중요한 것을 간과할 수 밖에 없다. 학문과 예술에서 민족들의 발전의 영향에 대한 고찰, 그리고 그 민족들의 문학들과의 맥락 관계에 대한 고찰만으로는 이런 결함을 대체할 수 없다. 언어가 작용하는 것보다 더 많은 것이 그 안에 있고, 언어에 속하는 모든 것이 다 그 안에 포함되어 있지는 않다.

이런 관점에서부터 이제 여러 가지 언어들을 통해서 상이하게 경계지어진 영향의 영역들 안으로 우리는 들어갈 것이다. 우리는 몇몇 언어들이 우리의 현재 모습에 근본적으로 기여했으며, 가장 멀리 떨어진 고대로부터 진화되어 나온 일련의 발달 과정들에 속하는 것으로서 인정해야 한다. 다른 언어들은 우리 영역들과 직접적인 관련 없이 정신적인 형성에서 구별된 영역을 만들었다. 많은 언어들은 정신적 작품들이 분출하는 발달의 정도에 도달하지 못했거나, 이런 높이로부터 다시 내려앉았다. 그래서 이들은 여기서 단지 다른 언어의 역사적 뿌리에 속하기 때문에만 중요하고, 이들이 몇 가지 예들에서 민족들의 상이한 문화 상태들을 증명하기 때문에 중요하다. 이런 세계사적 언어들의 고찰을 통해 해결되는 과제는 어떻게 자연음과 필요로부터 분출되는 언어가 인류의 가장 높은 것과 가장 섬세한 것의 생산자이고 보유자가 되는가를 보여 줄 수 있다. 이러한 언어들의 운명의 상이성에 따라서처럼, 사람들은 언어들의 상이한 연결들과 친족성들에 따라서 우리에게 알려진 언어들을 구별하고, 모으고, 그 언어들의 특징을 규정하고, 그 언어들의 구조에서 그들의 특성들의 이유들을 찾고, 그 언어들의 역사적인 타당성을 존중해야 할 것이다.

그러나 그 전에 부정확하고 애매한 개념들로 빠지지 않기 위해서, 어디에 언어들의 특성의 차이가 있을 수 있는가, 언어를 수단으로해서 사고를 생산하는 힘에서 그리고 사고 자체에서 그 차이는 어떻게 밝혀질 수 있는가, 그리고 언어의 어떤 장치를 통해서, 그리고 언어 구성의 어떤 소여성들을 통해서 그 특성의 고유성이 생겨나는가를 일반적으로 보다 정확히 정하고 예들을 통해서 명확히 하는 것이 필요하다. 물론 언어들이 어떻게 언어들의 특징적 고유성의 영향에 따라서 역사적으로 작업되는가에 대한 서술의 이런 연구들이 선행되어야 했을 것이다. 왜냐하면 언어의 영향이 그런 작업을 하기 위해 충분한 확실함으로 파악되는지는 이 연구들에 따라서 비로소 결정되기 때문이다.

그러나 나는 여기서 의도적으로 자연스런 순서를 바꾸었다. 왜냐하면 비교언어연구가 인류의 모든 정신적인 영향에 대한 견해를 위해 — 비교언어연구의 경시는 언어 연구에서 중요한 공백이다 — 얼마나 중요한가를 보여 주는 것이 나에게 중요했기 때문이다. 왜냐하면 언어를 연구하는 가치를 문학의 가치에 따라서만 평가하고 어떤 사람도 하지 않는 그런 언어의 연구를 단지 한가하고 학문적 호기심을 위한 것으로 보고, 음성, 낱말 그리고 굴절의 연구를 사소한 것으로 취급하고, 철학적인 연구를 가치 없는 것으로 생각하는 너무나 많은 자들이 아직도 존재하기 때문이다. 그러나 사태는 매우 간단하다. 언어의 고유성이 민족들의 본질에 대한 영향을, 즉 그 언어가 속하는 민족은 물론, 낯선 언어 이외에 그 언어에만 익숙한 민족의 본질에 대한 영향을 행사하는 것에 대한 확신이 이미 내 자신의 경험에서부터 전체적으로 느껴지는 것이 사실이라면, 언어의 면밀 주도한 연구는 역사와 철학에서 가장 내부적인 인간을 다루는 어떤 것이라도 배제할 수 없다. 하지만 언어는 언어 자체를 통해서만 작용을 하기 때문에, 우리는 사람들이 실제로 탐구하는 모든 대상들처럼 이 언어도 모든 다른 목적과 무관하게 언어 자체를 위해서만 연구해야 한다. 언어를 이해의 수단으로서가 아니라 그 자체 목적으로, 즉 어떤 민족의 감정과 사고의 도구로서 보는 이것이 본질적인 언어 연구의 기본 원리인데, 어떤 언어의 원래 있는 것과는 다른 모든 연구은 그 언어의 본질상 이런 연구와는 거리가 있다. 언어 자체의 이런 연구는 모든 다른 자연대상의 연구와 동일하다. 그래서 이 연구는 가능하면 많은 모든 종류들을 포함해야 한다. 모든 종류들이 대개는 개념의 전체에 속하기 때문이다. 이 연구는 구성 요소를 아주 세밀하게 분석해야 하는데, 전체적 언어의 영향이란 이런 구성 요소들의 매번 반복하는 활동으로부터만 모아진 것이기 때문이다.

즉 지금은 언어들의 상이한 특성이 어떤 방식으로 인식과 감정에 광범위하고 뚜렷하게 영향을 미칠 수 있는가라는 질문에 대한 대답이 중요하다.

언어는 언어 활동의 밀도에 따라서 삼중적 목적을 갖는다.

언어는 이해를 전달하는데, 그러는 한에서 확실성과 명확성이 필요하다.

언어는 감정에게 표현을 부여하고 감정을 불러일으킨다. 그렇기에 언어는 힘, 세밀함, 유연함이 필요하다.

언어는 언어가 사고에게 부여하는 형태를 통해서 스스로 창조하면서 새로운 사고들을 만들고 사고의 연결들을 자극한다. 그렇기 때문에 언어는 정신이 필요한데, 정신은 정신 작용의 흔적으로서 정신의 각인을 낱말에 남겨놓는다.

언어가 다른 언어들에 있는 약점을 통해서 구별되는 것처럼 이런 작용 방식 중 한 방식에 나타나는 강점을 통해 그 언어는 다른 언어와 구분될 수 있다. 삼각형의 각 꼭지점은 다른 꼭지점을 항상 필요로 하기 마련이다. 그리고 어떤 언어가 혼자 존재할 때는 잘못된 길로 빠지며, 명확성은 무미건조한 무내용성으로 빠져들고, 느낌의 표현은 과장되거나 꾸며낸 감상적인 것으로 빠져들고, 의미 있는 중요함은 혼돈스런 흑암으로 빠져든다. 그래서 완벽한 독자성은 이런 작용 방식들의 적당한 조화를 통해서 생긴다. 하지만 이 안에서는 어떤 한 방식이 사전 지배적이다.

언어는 사고와 느낌을 대상들로 나타낸다. 하지만 언어는 사고와 느낌의 동작도 따르며, 언어 과정의 속도, 규칙성과 불규칙성을 따르며, 여러 민족들에 있는 사고와 느낌들이 순서에 따라 나열되는 고유한 선택의 유사성들을 따른다. 사고를 형식으로 유도하기와 사고의 질료적 표시, 이 둘은 서로에게 촉진적으로 영향을 미치기도 하지만 제한적으로 서로에게 영향을 미친다. 내적인 관념의 연결에 대해서 너무 내용이 풍부한 표시는 쉬운 숙련을 방해하며, 너무 민첩한 속도는 더 감각적으로 되어 가는 표시의 무게감을 앗아간다.

인간은 언어 안에서만 생각하고, 느끼고, 살아간다. 그리고 언어를 통해서는 전혀 작동하지 않는 예술을 이해하기 위해서도 인간은 언어를 통해서 우선 교양되어져 있어야 한다. 하지만 인간은 언어가 그에게 단지 수단이고, 인간이 언어를 통해서만 비로소 익숙해지는 언어와는 다른 비가시적인 영역이 있음을 느끼고 안다. 가장 일상적인 느낌과 가장 의미심장한 사고는 언어의 부족함에 대해서 하소연하며, 언어만이 도달하는, 그리고 언어는 절대로 도달하지 못하는 멀리 있는 그런 영역이 있음을 인정한다. 모든 고상한 말하기는 때로는 힘이, 때로는 동경이 느껴지는 사고와의 투쟁이다.

이것으로부터 언어들 사이에 두 개의 매우 명확한 차이가 생겨난다; 하나는 그런 부족함의 느낌의 정도로부터 나온 차이이고, 즉 그것을 제거하는 노력으로부터 나온 차이이고, 그리고 다른 하나는 표시 종류에서 지배적인 견해들의 상이성에서부터 나온 차이이다. 왜냐하면 대상들의 다면성이 파악 기관들의 다양성과 연관되어져 있어서 그것들의 숫자를 확정할 수 없기 때문이다.

몇몇 민족들은 그들의 언어가 세상으로부터 그들에게 그려 주는 그림에 매우 만족하여서, 언어 안에 보다 많은 빛을 비추고, 종합하고, 조화시키려고 시도한다. 다른 민족들은 또한 매우 비참하게 사고 안에 묻혀 있어서, 사고가 충분히 표현될 수 있다고 믿지 않으며 또한 그 표현을 알맞게 할 수 있다고 믿지 않으며, 그것에 대해서 형식 자체 안에 완성된 것을 무시한다. 두 민족의 언어들은 그럴 경우 그런 것들의 각인된 것을 지니게 된다. 그러나 이것들 역시 여기서 아직은 뉘앙스들이다. 내용이 지니고 있기는 하지만 형식을 더 많이 생각한 민족들은 때로는 주로 논리적이고, 특히 명확성과 쉬운 이해를 요구하는 형식을 추구하고, 때로는 더 많은 구상력을 강하게 호소하는 감각적인 형식을 추구한다.

표시 방식으로부터 생기는 언어 차이의 다른 범주는 대상들의 견해에서부터 기인하고, 그 대상들에 따라서 만들어진 개념들의 견해에서부터 기인한다. 그런 개념들의 무한한 상이성을 고려하지 않는다면, 그것들은 어떤 한 민족에 의해 포착됨으로써, 기호로서의 낱말에게 전달되는 현상의 공통적인 어떤 것이 모든 개념들에 놓여 있을 것이다. 이것을 크게 다음과 같이 특징지을 수 있다. 어떤 언어의 낱말들은 보다 감각적인 명료성을 가지고, 어떤 다른 언어의 낱말들은 보다 내적인 정신성을 가지고, 제 삼의 다른 언어의 낱말들은 보다 객관적인 개념 논증을 가진다. 단지 다양성은, 즉 특히 표시에서 파악의 고유성은 아주 일반적인 표현들이라고 치부할 수 없다. 소개된 그런 특징들 중 어떤 것도 그렇게 개별적으로 존재하지 않고, 그리고 그 특징들이 여러 민족에서 공통으로 존재하는 곳에서도 그 특징들은 절대 그와 동일한 특징으로 존재하지 않는다. 사람들은 언어의 독특성을 가진 민족들을, 언어들의 작품들을, 결국 언어의 구성 요소들을 연구해야 하며, 어떤 모습을 떠올리는 느낌에 맡겨서, 이것을 있는 그대로 낱말의 옷을 입혀야 한다. 어떤 민족이 아주 일반적으로, 혹은 그 언어가 자신의 첫 번째 형태를 받아들이는 최초의 상태에서 만나게 되는 그 대상들과 감정들의 범주도 역시 언어에 영향을 미친다.

여기서 언급된 언어의 상이성과 관련해 볼 때 언어는 어떤 측면에서는 예술과 비교될 수 있다. 언어는 예술처럼 비가시적인 것을 감각적으로 서술하려 노력하기 때문이다. 왜냐하면 언어가 개별적으로 볼 때 그리고 일상적 사용을 볼 때, 현실을 넘어가는 것처럼 보이지 않는다 해도, 모든 대상들의 전체 모습은, 즉 대상의 모습뿐 아니라, 언어의 비가시적인 연결들과 친족성들의 모습까지도 언제나 언어의 범위 안에 함축되어 있기 때문이다. 예술가들의 그림처럼 언어는 자연에 충실하게 은폐되어 있는데 언어는 보다 더 많이 예술을 보여 주고, 언어는 언어의 대상을 주로 이런 혹은 저런 색의 색감으로 나타낸다.

그러나 다른 측면에서 언어는 어느 정도 예술과 대립되어져 있다. 왜냐하면 언어는 서술의 수단으로만 고찰되고, 언어에서는 실재와 이념이 구분되어 존재하는데, 예술은 실재와 이념을 구분하지 않고 두 개의 위치에다가 자신의 작품을 설정하기 때문이다. 기호로서 언어의 이러한 제한된 특징으로부터 그런 언어의 새로운 특성의 차이들이 생겨난다. 언어는 사용과 약속의 흔적들을 보다 많이 보여 주고, 보다 많은 임의성을 지니지만, 예술은 자연 자체를 보다 많이 나타낸다. 이는 주로 상이한 낱말들에서는 물론 동일한 낱말들에서의 의미들의 도출에서 나타날 수 있다. 생각과 느낌의 실질적인 대상들을 지시하는 것 말고도, 연결에만, 즉 문법적인 기술에만 속하는 구성요소들이 모든 언어에는 존재한다. 보다 촘촘한 규모로, 혹은 보다 가벼운 규모로, 보다 유연한 맥락으로 혹은 가파르고 단절된 맥락으로 감정을 개념들이 어떻게 서술하는가는 언어의 이런 두 개 부분의 서로에 대한 관계에 달려 있다. 그런 것에 대한 근거는, 즉 어떤 특징이나 다른 특징의 가능성 혹은 불가피성은 언어의 근본적이며 단단한 구조에 놓여 있다; 그러나 그 결과들은 가장 섬세하고 교육을 통해 가장 잘 조성된 정신의 작용에서 나타난다.

모든 언어가 상이하게 형성됨에 따라서, 각각 언어마다 이런 정신적 작용에 대해서, 혹은 저런 정신적인 작용에 대해서 다른 용도를 가진다. 그러나 시도되었던 것처럼 사람들이 만일 이 언어는 시의 언어, 다른 언어는 철학의 언어, 또 다른 언어는 아주 실용적 언어로 구분하려 했다면, 이는 아마 옳지 않을 것이다. 만일 주로 드러난 진리의 연구에 전념한 것처럼 보이는 어떤 언어가 시에 보다 적은 관심을 갖는다면, 그것은 그 언어의 철학적 방향 때문이 아니고, 역으로 다른 이유가 있는데, 그 언어의 장점이 아니라 그 언어의 결함 때문이다. 사물의 모든 본질을 포함하는 깊이 있는 철학이라 해도 그러한 언어 안에서는 진정으로 그 언어를 촉진시키지 못할 것이다. 왜냐하면 가장 중요한 정신력의 이런 모든 표현들은 공동으로 서로를 지지해 주고 서로 유지하는데, 이는 하나의 초점을 향해 쏘아 대는 광선들과 유사하기 때문이다. 만일 사람들이 지적인 노력이 실제로 언어에 구분되어 있는 것으로 보이는 것처럼 그렇게 그것을 구분하려고 한다면, 사람들은 그것을 평면에 따라서가 아니고 깊이에 따라서 비교해야 한다. 정신이 그 언어의 편파성으로부터 자유로이 얼마나 응집되어 그 안에 존재하는가, 그리고 정신이 모든 인식과 느낌의 근거에 얼마나 가까이 접근하려고 시도하는가는 정신이 도달하는 모든 단계마다 정신 방향들의 모든 단계에 유추적인 방식으로 다시 작용한다.

지금까지 언급된 모든 것으로부터 언어들의 상이성이라는 특성이 일단 가시적이 되는 곳에서 그런 특성은 정신의 기분, 사고와 느낌의 방식이라는 것이 밝혀졌다. 언어들이 주관성에도 영향을 미친다는 것은 논란의 여지가 없다. 그래서 모든 언어의 고유성도 대부분 시에서 뚜렷하게 드러나는데, 그 시에서는 주어진 재료의 소양이 정신에게 거의 주어지지 않거나, 어떤 구속도 없다. 언어의 고유성은 민족의 생생한 삶에서 그리고 이것이 영향을 미치는 문학의 장르에서 보다 자연스럽게 표현된다. 그러나 언어의 개별성은 언어가 객관적인 진리의 발견을 가장 순수한 주관성의 조화로운 자극으로부터 도출시키는 철학적인 대화에서 가장 아름답게 그리고 가장 풍요로운 영혼상태로 나타난다. 느낌은 사고의 조용함과 부드러움을 취하고, 사고는 느낌의 온기와 색감을 취하는데, 정신을 파악할 수 있는 가장 진지하고 위대한 것은 주제와 목적이다. 그리고 이것을 다룬다는 것은 이것에 대한 임의적인 기쁨을 통해서만 진행된 가벼운 놀이처럼 보인다. 이러한 사회성의 가장 아름다운 전성기가 꽃피어야 하는 곳에서, 민족으로 존재하는 인류는 기적처럼 성사된 우연들을 통해 발전되었음에 틀림없으며, 그리고 언어는 객관적인 것과 주관적인 것의 밀접한 관계 안에서 (여기서는 객관적인 것은 주관적인 것의 권리들을 손상시키지 않고 우세를 유지한다) 자신의 힘을 발휘한다. 서로 관계하면서, 사고와 느낌들을 실제로 교환하는 생생한 대화는 이미 그 자체적으로 언어의 중심이다. 이 언어의 본질은 언제나 동시에 음향과 반향, 말걸기와 응답하기로 생각될 수 있는데, 언어는 언어의 변형들은 물론 언어의 기원부터 어떤 한 사람에 속하는 것이 아니고,

언제나 모두에게 속하고, 모든 사람의 고독한 정신의 깊은 곳에 놓여 있고, 그리고 사회성 안에서만 드러난다. 그래서 이러한 대화 장르에 대한 언어의 유용함은 언어가 가치 있다는 가장 좋은 근거이다. 그 안에서 두드러지는 그런 것이 가장 다양한 사용을 위한 가장 자연스런 장점들을, 가장 쉽고 풍요로운 장치들을 소유할 것이다.

언어를 통해 확정되고 제한된 주관성의 정신적 대상에 대해, 사고와 느낌에 대해, 인식과 육감에 대해 미치는 영향은 보다 강하고 다면적으로 일어난 힘을 가지고 필연적으로 보다 더 많이 일어나야만 쉽게 측정될 수 있다.

그와 반대로 만일 사고가 어떤 언어에서 진리의 파악에 필수적인 예리함과 명확성을 일단 얻었다면, 객관적인 인식이 언어들의 상이성을 통해서 얻어질 수 있는 것 같아 보이지는 않는다.

언어의 민족적 특성에 대하여 해설

홈볼트는 베를린 학술원에서 수많은 발표를 하였다. 그중에서 첫 번째 발표는 '비교언어연구에 대하여'이었다. 이 발표는 그가 향후에 하게 될 여러 연구의 이정표가 들어 있었다. 그는 상이한 여러 언어들을 서로 다 모아서 그것을 하나의 순위 체계에 분류함으로써 언어라는 전체 현상에 다가가려 하는 것이 아니었다. 훔볼트는 모든 언어들 각각에게 의미를 부여하고 그 언어들의 완성된 구성을 연구하여 모든 언어의 특징을 조사하고 싶어 했다. 그래서 각각의 언어에 고유한 세계상이 어떻게 내재되어 있고, 어떤 언어에 세계의 특정한 측면이 어떻게 실현될 수 있는가를 보여 주려 했다.

여기에 번역된 논문 〈언어의 민족적 특성에 대하여〉와 〈문학과 정신형성에 대한 언어들의 상이한 특성의 영향〉이라는 두 편의 논문은 바로 이런 측면에서 고찰되어야 한다. 그리고 언어들 간의 번역 가능성은 이러한 주제를 토대로 해서 논의되어야 한다.

언어학에서 언제나 논의되고 있는 문제는 언어의 보편성과 개별성이다. 훔볼트는 언어의 개별성의 측면에서 각 언어들을 고찰하였다. 물론 언어의 개별성의 저편에는 장점과 단점이 있을 수 있지만 언어의 다양성에 대한 풍요로움이 더 우리에게 타당해 보인다. 그래서 훔볼트는 〈언어의 민족적 특성에 대하여〉(1822년)라는 논문을 쓰면서 바로 이어서 〈문법 형식의 생성에 대하여〉(1822년)라는 논문에서도 문법적 가능성들의 다양성을 인류 전체의 다양성으로 언급하고 있다.

이 논문에서 제목에 포함되어 있는 "민족적national"이라는 낱말을 훔볼트의 생각으로 이해해야 논문을 올바로 이해할 수 있다. 그는 민족Volk, 민족공동체Nation, 국가Staat란 용어를 자신의 논문 여기저기에서 많이 사용했다. 그에 의하면 '국가Staat'라는 개념은 "공통적 안전을 확보하기 위해 서로 규합된 사람들의 사회이다."(GS VII 479) 이에 반해서 '민족Volk'은 "행복을 공동으로 보호하기 위해 어떤 국가에서 생겨나는 모든 사회집단을 말한다."(GS VII 505) 이 두 개의 개념을 'Nation'과 비교해서 훔볼트는 다음과 같이 정의하고 있다. "국가Staat라는 말에서 사람들은 규합된 사회를 이해하고, 민족Volk라는 말에서 사람들은 그런 규합된 사회에 속하는 사람들을 이해한다; 'Nation'이란 동일한 부족, 언어 그리고 풍습을 가진 사회를 말한다."(GS VII 501) 이 'Nation'이라는 개념을 다시 정리하면 다음과 같다:

(1) 공동생활, 관습의 공유
(2) 동일한 부족
(3) 동일한 언어
(4) 공통적인 사상, 역사, 문학(GS VI 188-189 참조)

이를 다시 종합하면 'Nation'은 민족공동체이며 언어공동체인 셈이다. 그래서 여기서 'Nationalcharakter'를 '민족적 특성'이라고 번역하였지만 정확히 번역하면 '언어민족공동체적 특징'이 될 것이다. 하지만 여기서는 이를 줄여 '민족적 특성'으로 번역하였다.

2. 문법 형식의 생성과 그것이 관념 발달에 미치는 영향에 대하여

Ueber das Entstehen der grammatischen Formen, und ihren Einfluss auf die Ideenentwicklung (1822년 1월 17일 학술원에서 낭독)

나는 문법 형식의 기원과 그것이 관념 발달에 미친 영향을 서술함으로써 문법 형식의 개별적인 범주를 다 개관해 보려는 것은 아니다. 나는 단지 다음 두 가지 질문에 답하기 위해 문법 형식의 개념 전반적인 것만을 다룰 것이다.

- 어떤 언어에서 문법 관계의 표기 방식이 어떻게 생성되고, 그것은 어떤 문법 형식으로 불리워지는가?
- 문법 형식이 관념과 개념 형성을 위해 얼만큼 중요한가?, 이들의 관계들은 실질적인 형식을 통해서 표기되는가 아니면 다른 수단을 통해서 표기되는가?

여기서는 문법의 점진적인 형성에 관해 언급이 되기 때문에, 이런 측면에서 고찰된 언어들의 상이성은 언어들의 발전 단계로서 나타난다.

우리는 점진적으로 발전하는 언어형성에서 보편적인 원형을 생각해 내어 이에 따라서 모든 개별적인 현상들을 판단하려는 것은 당연히 주의해야 한다. 시간과 민족 고유성의 영향은 어디서나 언어와 맞물려 있다. 그렇기 때문에 아메리카와 북부 아시아의 거친 호르덴의 언어들에 나타나는 특징이 그리스와 인도의 원시부족들에게 나타나지 않는다. 성격상 어느 정도 예견된 한결같은 발전 방식이라도 단 하나의 민족이 사용하는 언어는 물론 수많은 민족들이 사용하는 언어들에서도 나타나지 않을 수 있다.[1]

가장 넓은 의미에서의 언어는 인류 전체 안에 존재하는 최후의 중심점을 당연히 알고 있다. 그리고 인간이 지금껏 언어의 완성을 어느 정도까지 실현시켰나라는 질문으로부터 출발한다면, 다른 고정된 점들이 규정될 수 있는 어떤 고정된 점이 존재한다. 이런 식으로 언어적 능력의 진보적인 발전은 어떤 확실한 기호에서 인지될 수 있고, 이런 의미에서 우리는 당연히 언어들의 단계적 차이에 대해 언급할 수 있다.

여기서는 문법적인 관계 전반적인 것의 개념에 대해서 그리고 언어에 나타난 그것의 표현에 관해만 언급이 되어야 하므로, 우리는 관념 형성을 위한 첫 번째 조건과 언어의 완성도 측면에서 가장 낮은 단계의 규정에 대한 논의만을 다루어야 한다.

그러나 가장 불완전한 언어와 가장 미개한 언어까지도 모든 언어가 다 순수하고 본질적인 이성 안에 있는 문법 형식을 갖지 않을 것 같은 의심이 생겨나는 것은 우선은 이상해 보일 것이다. 사람들은 문법 형식들의 합목적성, 완전성, 명확성 그리고 축약형 안에서만 언어들에 존재하는 상이성들을 찾을 것이다. 사람들은 또한 이를 위해 바로 야만인들의 언어들이, 즉 아메리카원주민 언어들이 특히 수많은 계획적이고 인위적으로 만들어진 형식들로 나타남을 근거로 내세운다. 이런 모든 것은 당연한 사실이다; 단지 이러한 형식들도 정말로 형식들로 간주될 수 있는지는 의심스럽다. 그래서 사람들이 이 낱말과 연결하는 개념이 중요하다. 이것을 완전히 명백하게 하기 위해서 여기서 아주 쉽게 생길 수 있는 두 개의 오해를 일단은 제

1 훔볼트는 언어 발전의 자연법칙성의 가설과 반대로 처음부터 언어 발전의 결정적인 근거로서 역사적인 근거를 제시한다.(민족 고유성) Humboldt GS VI: 276-294 참조.

거해야 한다.

만일 사람들이 어떤 언어의 장점과 단점에 대해 언급할 경우, 일반적으로 언어를 통해서만 만들어지는 어떤 실체가 그 언어 안에 표현될 수 있다는 사실을 척도로 취하면 안 된다. 모든 언어는 정신에 대하여 강력하고 생생한 영향력을 행사함에도 불구하고 또한 고착되어 고사해 버린 도구이기도 하다. 그리고 모든 언어는 올바른 사용을 위해서뿐 아니라 가장 완전한 사용을 위해서 어떤 장치를 자신 안에 지니고 있다. 만일 자신의 교육을 어떤 다른 언어로 취득한 사람이 어떤 최소로 완성된 언어를 학습하여 그것을 말한다면, 그 언어에 의해 중재된 그는, 그 언어 자체에 대하여 낯선 작용을 일으킬 수 있다. 그리고 이로 인해 그 언어의 영향하에만 있는 민족이 그 언어로부터 만들어 내는 것과는 완전히 다른 어떤 견해가 그 언어 안으로 이입된다. 한편으로 언어는 어느 정도 자신의 영역으로부터 벗어나게 되고, 다른 한편으로 모든 이해는 객관과 주관으로부터 종합되어지기 때문에, 그 언어 안에 어떤 다른 것이 산입되어진다: 그래서 그 언어 안에서 무엇이 만들어질 수 없고 그 언어를 통해서 무엇이 만들어질 수 있는가가 언급될 수 없다.

어떤 언어에서 표현될 수 있는 것만을 관찰한다면, 원래 모든 언어들의 단점과 장점이 거의 동일하게 설명되는 것에 대해 놀랄 일이 아니다. 특히 문법 관계들은 사람들이 문법 관계와 연결하는 의도에 따라 결정된다. 이 문법 관계들은 듣는 사람과 말하는 사람에 의해 생각되어질 때에는 낱말에 보다 덜 의존적이다. 문법의 표시 없이는 어떤 말이나 어떤 이해도 생각될 수 없기 때문에, 아주 원시적 언어도 문법을 대신할 어떤 표현 방법들을 가지고 있어야 한다. 그리고 이런 표현 방법들은 원래 의도하는 바 대로 아주 엉성하고, 이상하고, 아직은 매우 원재료적일 것이다. 그래서 보다 완전한 언어들을 통해서 일단 만들어진 오성은 그 표현 방법을 항상 성공적으로 사용하는 것을 이해할 것이며, 관념과 그런 표현 방법들과의 모든 관계들을 충분히 암시하고 있음을 알게 될 것이다. 문법이란 낱말 의미의 확장이나 섬세함보다 훨씬 쉽게 어떤 언어 안으로 스며들어 갈 수 있다; 또한 아주 거칠고 미숙한 언어들이 서술하는 문장들에서 매우 발달한 언어들의 모든 형식들의 명칭들을 만난다 해도 놀라지 말아야 한다. 언어는 언제나 사람들에게 단편적으로가 아니고 전체적으로 내재해 있기 때문에, 모든 것에 대한 암시들이 실재로 항존해 있다. 그리고 이러한 문법 관계들의 표시 방법들이 실질적인 형식들인지 아닌지, 그리고 원주민들의 관념 발달에 문법 형식으로 작용하는지 아닌지, 작용을 한다면 어느 정도인지의 차이는 쉽게 간과될 것이다.

그러나 이런 것이 바로 우리가 도달해야 할 지점이다. 어떤 언어에서 표현될 수 있는 것이 무엇이냐가 아니라 무엇을 위해 그 언어가 고유하고 내적인 힘으로부터 발화하고 열광하는가 하는 그것이 그 언어의 장점인지 결함인지를 결정한다.[2] 언어의 척도는 그 언어가 속하는 민족 안에서 일깨우는 관념의 명확성, 규정성 그리고 민첩성이다. 이런 민족의 정신을 통해 언어는 만들어졌고 또한 언어는 형성되면서 다시 민족에게 영향을 주었다. 그러나 관념의 발달과 감각들의 자극에 대한 언어의 이러한 영향을 고려하지 않고, 언어가 도구로서 분출하고 기능할 수 있는 것이 무엇인가를 조사해 보게 되면, 사람들은 어떤 경계도 없는 바닥에 빠지게 될 것이다. 왜냐하면 언어를 사용하는 정신의 특정한 개념이 없기 때문이고, 담화를 통해 영

2 즉 훔볼트는 언어적인 무관심주의에 대해서는 물론 언어적 상대성에 대해서도 아주 다른 입장을 취한다. 언어의 기호적인 파악과 연관된 무관심주의는 사람들이 모든 언어에 대해 모든 것을 말할 수 있는 한에서만 정당하다. 이러한 정당하다는 동기는 특별한 언어 구조가 특별한 사용에 대해 감동하는 한에서만 정당하고, 그러나 언어 사용의 어떤 자연법칙적으로 활동하는 경계를 세우지 않는 그런 상대주의를 제한한다. 하지만 훔볼트는 두 개의 입장과는 반대로 언어들의, 그리고 문법적 처리 방식들의 관념적이고 세계사적으로 작용하는 발전을 고집하고, 그리고 이것들의 판단의 척도를 고집한다.

향받은 모든 것은 언제나 정신과 언어가 함께 만들어 낸 생산물이기 때문이다. 모든 언어는 해당 민족을 통해서 형성되어진다라는 의미에서 언어가 이해되어야지, 그 민족에게 낯선 어떤 것으로 이해되면 안 된다.

비록 어떤 언어에 문법적 관계의 다른 표시 방법들이 결여되어 있기 때문에 그 언어가 순수한 문법 형식을 소유하지 않는다 해도, 질료적인 생산물로서의 담화(Rede)는 아주 잘 유지될 뿐 아니라, 담화의 모든 범주도 그런 언어들 안으로 전이되고 그 언어 안에서 만들어질 수도 있다. 하지만 그 언어 안에 만들어진 것은 완전한 언어의 의미에서 보면 불완전한 언어를 사용하는 낯선 힘의 결과일 뿐이다.

각각의 언어들의 표시들로써 모든 문법 관계들이 암시될 수 있으므로, 고도로 발달한 언어들이 이 문법 관계들을 인식한다는 그런 의미에서의 문법 형식을 모든 언어가 아직은 소유하지 않는다. 미세하지만 느낄 수 있는 차이가 질료적인 생산물과 형식적인 작용 안에 있다. 이것이 이러한 연구의 결과를 보다 명백하게 서술할 것이다. 여기서는 이를 통해 우려되는 오해를 제거하기 위해서는 임의로 가정된 어떤 힘이 어떤 언어를 가지고 분출할 수 있는 것과 언어 힘 자체가 관념과 언어 발달에 대한 지속적이고 습관적인 영향을 통해서 작용할 수 있는 것을 구별하는 것이면 충분하였다.

두 번째 것은[3] 어떤 형식이 다른 형식과 혼동됨으로부터 생긴다. 사람들은 말하자면 습관적으로 모국어나 라틴어와 같은 보다 잘 알려진 언어의 관점으로부터 잘 알려지지 않은 언어의 연구로 진행하기 때문에, 모국어의 문법 관계들이 낯선 언어에서는 어떻게 나타내지곤 하는가를 연구하고, 거기에 사용된 어순이나 어형 변화를 곧바로 라틴어나 모국어에서, 혹은 일반적인 언어 법칙에 의해서 그것을 위해 사용하는 문법 형식의 명칭으로

3 문법 형식의 판단에서 두 번째 오해와는 반대로, 즉 어떤 언어의 문법을 사람들이 다른 언어 안으로 '추찰하는' 그런 오해와는 반대로, 훔볼트는 일관된 구조적 입장을 요구한다.

부른다. 그러나 이러한 형식들은 그 언어 안에 흔하게 존재하지 않고 다른 것으로 대체되고 바꿔 씌어져 있다. 그래서 이런 실수를 피하기 위해, 사람들은 모든 언어들의 고유성에 따라 다음과 같이 연구해야 한다. 해당 언어의 부분들을 정확히 분해하여 어떤 특정한 형식을 통해서 그 언어가 해당 언어 구조에 따라서 각각의 문법 관계를 나타내는가를 인식해야 한다.

그러한 잘못된 표상들의 수많은 예들을 아메리카 언어들이 전해 준다. 그리고 그런 언어를 스페인어와 포루투갈어의 언어 이론으로 바꿔 쓸 때 해야 할 가장 중요한 것은 이런 식의 잘못된 견해들을 제거하는 것이고, 이런 언어들의 본래의 구성을 시야에서 놓치지 않는 것이다.

다음 몇 가지 예들이 이것을 보다 명백하게 밝혀 줄 것이다. 카라이브(Karaib, 인디언 부족 중 하나)어에서 'aveiridaco'는 2인칭 단수 과거 접속법(wenn du wärest, 만일 네가 -이라면)이다. 하지만 좀 더 자세히 이 낱말을 나누어 보면 'veiri'는 'sein'이고, 'a'는 주어와도 결합되는 2인칭 단수 인칭대명사이다. 그리고 'daco'는 시간을 나타내는 분사이다. 즉 내가 그것을 사전에서 그런 것으로 예를 들지 않더라도 이것은 어떤 특정한 시간 단위를 의미할 것이다. 왜냐하면 'oruacono daco'는 '세 번째 날에'를 의미하기 때문이다. 이러한 굴절의 어휘적 번역은 다음과 같다: "네가 있는 날에", 그리고 이러한 바꿔 쓰기를 통해서 접속법으로 되어 있는 가설적인 가정이 표현된다. 여기서 접속법이라고 불리우는 것은 전치사와 연결된 동명사이거나, 아니면 그것을 어떤 동사 형식과 유사하게 표현하려 할 때, 동사 원형의 탈격이거나, 혹은 'do'라는 형식의 라틴어 동명사이다. 아메리카의 여러 언어의 접속법은 이런 식으로 나타내진다.

룰레(Lule, 북부 아르헨티나 차코 지역에서 사용된 인디언 계통 언어)어에서 어떤 과거분사는 예를 들어 'a-le-ti-pan'으로 나타나는데, 이는 'aus Erde gemacht'(흙으로 만들어졌다)이다. 그러나 이런 음절 결합은 낱말 그대로 보면, '흙, 그것으로부터, 만들다'('tic'의 3인칭, 복수, 현재, '내가 만든다')이다.

그리스인과 로마인이 알고 있는 것과 같은 동사 원형의 개념도 다는 아니지만 대부부의 아메리카 언어들에서는 다른 형식들로 교체되어 나타난다. 브라질어의 동사 원형은 완전한 명사형이다; 'iuca'는 'morden'(살인하다)과 'Mord'(살인)를 나타내고 'caru'는 'essen'(먹다)와 'Speise'(식사)를 의미한다. "나는 먹으려 한다"는 'che caru ai-pota'라고 하는데 말 그대로 해석하면 "음식, 내가 하려는"(ein Essen, ich will)이거나, 혹은 동사로 병합된[4] 4격 'ai-caru-pota'(내가, 음식, 먹음)로 나타내진다. 이러한 어순은 동사적 특성이 4격의 다른 명사를 나타냄으로써만 동사 특성을 유지한다. 4격으로의 병합과 같이 동사 원형의 이와 유사한 병합이 멕시코어에서는 원형을 나타내는 동사 안으로의 병합이다. 동사 원형만이 그런 미래 인칭을 통해 나타나는데, 예를 들면 담화 'ni-tlacotlaz-nequia'(나는 하려 했다)의 의미는 "나는 사랑하려고 했다"(ich wollte lieben)이다. 이를 낱말 그대로 풀면, 'ich, ich werde lieben, wollte'(나는, 나는 사랑할 것이다, 하려 했다)이다. 'Ninequia'는 'ich wollte'(나는 하려 했다)를 의미하고 이것이 일인칭 단수 미래인 'tlacotlaz'(ich werde lieben)을 함유함으로써 전체의 구(Phrase)가 한 낱말이 된다. 하지만 그러한 미래는 독자적인 낱말로서 지배하는 동사 뒤에도 나올 수 있고, 멕시코 언어 대부분에서 일어나는 것처럼, 삽입되어진 대명사, 즉 'c'를 통한 동사 안에서만 암시된다; "ni-c-nequia tlacotlaz", "ich das wollte"(나는 그것을 하려 했다)', 즉 "ich werde lieben"(나는 사랑할 것이다)이다. 동사의 유사하게 나타나는 이중적인 지위는 역시 명사에게서

4 여기서 'einverleibt'(병합된)와 'Einverleibung'(병합)이 최초로 등장하는데, 이것은 슐레겔이 언어 부류 세 개를 보완하는 표기와 마찬가지로 언어 유형론에서 중요한 역할을 한다. 훔볼트에게 있어서 우선 언어들의 부류 설정이 아니라, 문법적 처리의 구분이 우선이었고, 'Einverleibung'(병합)은 네 번째 처리방식이 아니고, 첨가(Agglutination)에 대한 보완을 위한 것이다.

도 나타난다. 말하자면 멕시코어는 동사 원형 안에서 미래의 개념을 명사의 개념과 연결하는데, 미래는 굴절을 통해 나타내고 명사는 구성을 통해서 나타낸다. 두 개의 동사 중 하나가 원형으로 나타나는 것이 일반적이지만 룰레(Lule)어에서는 두 개의 동사를 다 'verba finita'(동사 원형)로서 연속적으로 나열시킨다: "caic tucuec", 이것은 "ich zu essen pflege"(나는 먹기를 습관화한다)인데, 낱말 그대로 번역하자면 "나는 먹는다", "나는 습관화한다"이다. 프란츠 봅Franz Bopp[5] 교수가 날카롭게 지적한 것처럼 고대 인도어에서조차도 동사 원형은 4격으로 존재하는 동사적 명사인데, 이것은 형식이 완전히 라틴어 'Supinum'[6]과 유사하다. 그래서 이 동사 원형은 동사의 성격에 보다 근접하여 있는 그리스어나 라틴어의 동사 원형처럼 그렇게 자유로이 사용될 수 없다. 그것은 어떤 수동 형식도 갖지 않는다. 이 수동 형식이 필요한 곳에서는, 동사 대신에 동사 원형으로 나타나는 동사를 취한다. 그래서 "es kann gegessen werden"(먹어질 수 있다) 대신에 "es wird essen gekonnt"(먹는 것이 가능해질 수 있다)라고 말한다.

이러한 예들을 통해서 위에 말한 모든 언어에서 동사 원형이 고유한 형식으로 나타나지 않고, 오히려 동사 원형을 대체하는 방식들이 그들의 실제적인 모습으로 나타나고 있으며, 어떤 조건도 모든 사람에게 충분함을 제공하지 못하기 때문에, 동사 원형의 어떤 조건들이 그와 같은 조건들을 통해 충족되는가를 알아야 한다.

어떤 문법 관계의 표시가 순수한 문법 형식의 개념에 정확히 일치되지 않는 경우들이 많다면, 또한 그 문법 형식들이 해당 언어의 특성과 고유성

---

5 Franz Bopp(1791-1867), 독일의 언어학자, 비교언어학에서 산스크리트어의 중요성을 강조함. 보다 자세한 것은 네이버지식백과 표제어 '역사비교언어학'(안정오)을 참조

6 명사적 동사 형태.

을 결정한다면, 비록 그것으로 모든 것을 표현할 수 있다 할지라도 그런 문법 형식은 관념의 발달을 위한 적합성과는 아직은 거리가 멀다. 왜냐하면 이 문법형식이 보다 잘 성사되기 시작하는 지점은 담화의 질료적 최종 목적 이외에 문법 형식의 형식적 소여성이 사람들에게 중요한 것은 아니기 때문이다. 또한 이러한 지점은 언어의 작용과 반작용 없이는 도달될 수 없다.

낱말들 그리고 이 낱말들의 문법 관계들은 표상에서 완전히 상이한 두 개의 대상이다. 낱말들은 언어에서 본질적인 대상들이고 문법적인 관계들은 단지 연결일 뿐이다. 그러나 담화(Rede)는 이 두 개의 결합된 것을 통해서만 가능하다. 문법 관계들은 언어에서 어디서나 기호 없이도 생각되어질 수 있다. 그리고 언어의 구조는 애매함과 오해가 어느 정도까지는 예방되는 수단일 수 있다. 어떤 특정한 표현이 문법 관계에 속한다고 한다면, 그런 언어는 그 용법을 위해 본질적 문법 형식 없이 문법을 갖는 것이다. 예를 들어 만일 어떤 언어가 언제나 불변하는 낱말에 첨가되는 그런 전치사를 통해 격을 구성한다면, 어떤 문법 형식이 존재하는 것이 아니고, 단지 문법적인 관계로 생각되어지는 그런 두 개의 낱말만이 존재하는 것이다: 므바야(Mbaya, 파라과이 지역에 살았던 인디언이 사용한 언어)어에서 'e-tiboa'는 사람들이 이것을 번역하는 것처럼 'durch mich'(통해서 나를) 가 아니고 'ich durch'(나는 통해서)를 의미한다. 이런 연결은 그 언어에 있는 기호로서 있는 것이 아니고, 단지 상상하는 사람의 머리 속에만 있다. 그러한 언어에서의 'L-emani'는 'er wünscht'(그는 원한다)가 아니고 'er'(그는)와 'Wunsch'(소원) 혹은 'wünschen'(소원하다)인데, 어떤 고유한 동사적인 것이 없이 단지 연결된 것이다. 이는 다음 표현에 더 가깝다: 'sein Wunsch'(그의 소망), 이는 접두사 'L'이 원래 소유대명사이기 때문이다. 여기서도 동사적 소여성이 추론된다. 그럼에도 이 형식이든 저 형식이든 둘 다 명사의 격과 동사의 인칭을 충분하게 잘 나타내고 있다.

그러나 관념 발달이 순수한 정확성을 가지고, 또한 속도와 생산성을 가지고 앞으로 나가고자 한다면, 이러한 순수한 추론의 오성이 강조되어야 하며 문법 관계가 낱말로 나타나는 것처럼 언어를 통해서 문법 관계도 표기되어야 한다. 왜냐하면 언어의 문법적인 모든 노력이란 음성을 통한 오성행위의 서술로 나타나기 때문이다. 그러나 문법적 기호는 사태들을 나타내는 낱말들일 수 없다: 왜냐하면 만일 그렇게 된다면 이 낱말들이 다시 고립되어 존재함으로써 다시 새로운 연결들을 요구하기 때문이다.

그래서 추론적 관계를 가진 어순과 사태의 표기라는 두 개의 수단이 문법 관계의 순수한 표기로부터 배제된다면, 그 문법 관계에는 사태를 나타내는 낱말들의 변형 이외에 어느 것도 남아 있지 않을 것이다. 그래서 이것만이 문법 형식의 순수한 개념이다. 그리고 다시 문법적인 낱말들이 여기에 합류하는데, 이것은 일반적으로 어떤 대상이 아니라 관계, 즉 문법 관계를 나타내는 그런 것들이다.

관념의 발달이란 정신이 사고의 단순한 분출에서 만족을 얻을 때 비로소 본질적인 비약을 할 수 있다. 그리고 이것은 언제나 그런 사고의 단순한 형식에 대한 관심에 의존적이다. 이 관심은 형식을 언어로 나타내는 데 익숙하지 않은 언어를 통해서는 환기될 수 없고, 그리고 이런 관심이 스스로 생성되는데, 그런 언어에서 선호되지 않을 수도 있다. 관심이 일어나는 곳에서 언어가 변형되는데, 즉 그 언어가 다른 방식으로 그런 형식들을 수용하고 갑자기 그것을 통해 자극받게 되는 그런 곳에서 언어는 변형된다.

이런 단계에 도달하지 못한 언어에서는 사고가 여러 가지 문법 형식 사이에서 종종 흔들리고, 그래서 현실적인 결과에 만족한다. 브라질어에서 'tuba'는 명사적 표현에서 'sein Vater'(그의 아버지)를 나타내기도 하며, 동사적 표현에서는 "er hat einen Vater"(그는 아버지를 가지고 있다)를 나타내며, 그 낱말은 보편적인 아버지를 위해서도 사용된다. 왜냐하면 아버지가 언제나 관계 개념이기 때문이다. 이와 동일한 방식으로 'xe-r-uba'는 'mein Vater'(나의 아버지)이고 "ich habe einen Vater"(나는 아버지를 가지고 있다)이며, 그래서 모든 인칭을 관통한다. 이런 경우에 문법적 개념의 흔들림이 보다 심한데, 'tuba'는 그 언어에 있는 다른 유추에 의하면 "er ist Vater"(그는 아버지이다)일 수 있다. 마치 남부 방언에서만 그 언어와 아주 유사하게 형성된 'iaba'가 'er ist Mensch'(그는 사람이다)라고 불리는 것과 같다. 문법적인 형식은 대명사와 명사의 단순한 순차적 배열이다. 그리고 오성은 그 의의에 해당하는 연결을 첨가해야 한다.

토착민은 이 낱말에서 단순히 'Er'와 'Vater'를 같이 묶어 생각하고, 우리가 그 낱말에서 혼란스럽게 생각하는 표현들의 차이를 구별하는 데에서 토착민들은 어떤 작은 노력도 들이지 않는다. 그래서 이런 언어를 사용하는 민족은 여러 가지 측면에서 지성적이고, 능숙하고 그리고 지혜로울 수 있지만, 순수하고 자유로운 관념의 발달은, 즉 형식적인 생각의 만족은 그런 언어구조로부터 나타날 수 없고, 오히려 다른 측면으로부터 어떤 그런 지적 변화가 그 민족에게서 유입될 때 필연적으로 이 언어구조는 강압적인 변화를 겪게 될 것이다.

그래서 그런 언어들과 유사한 구문을 번역할 시에는 문법 형식이 관여된 이러한 전달은 거의 언제나 잘못된다는 것과 화자가 거기서 가졌던 것과 다른 문법적 견해를 나타낸다는 것에 주목해야 한다. 사람들이 이것을 피하려고 한다면, 언제나 원전 언어에 있는 정도로만 문법 형식을 번역에 적용해야 한다; 하지만 그럴 경우 가능한 한 모든 것을 고려해야 할 경우들을 만나게 된다. 그래서 후아스테카(Huasteca, 멕시코 인디언이 사용한 언어, 유카탄 마야 언어에 속함)어에서는 'nana tanin-tahjal'(나는 그에 의해 다루어진다)라고 말하는데 보다 정확히 번역하자면 "나는, 나를 다룬다, 그가"이다. 즉 여기서는 능동적 동사 형식이 주어로서 해당하는 목적과 결합되어 있다. 이 민족은 피동 형식의 느낌을 가진 것으로 보이지만, 능동태만을 갖는 언어에서 이런 언어들로 넘어간 것 같다. 그러나 후아스테카어에는 격의 형식이 전혀 없음을 주목해야 한다. 일인칭 단수 형식으로서 'Nana'는 'ich'(주격)일 뿐 아니라, 'meiner'(Ich의 소유격), 'mir'(Ich의 여격), 'mich'(Ich의 목적격)이기도 하다. 즉 이것은 'ich'의 전체 개념을 나타낸다. 일인칭 단수 인칭대명사가 동사에 의해 지배된다는 사실이 문법적으로 'nin'과 앞에 놓여 있는 'ta'에 나타난다.[7] 그래서 원주민의 의미에 의해서 여기서 피동 형식이나 능동 형식의 차이가 파악될 뿐 아니라, 'Ich'성의 문법적으로 변형된 개념이 'Ich'성에 대해 행사된 낯선 영향의 생각과 연결되고 있음을 사람들은 명확히 알 수 있다.

그런 언어들과 우리가 알고 있는 가장 발달된 그리스어 사이에 가늠할 수 없는 어떤 공백이 있단 말인가? 그리스어의 예술적 시대 구성에서 문법 형식들의 지위는 관념의 영향을 강화하고 대립과 조화를 통해 스스로 만족하는 어떤 독자적인 전체를 형성한다. 거기서부터 사고가 유도될 뿐 아니라, 조용히 떠다니는 자극이 분출되는데, 예를 들면 고대의 몇몇 명작들의 예들에서처럼 형태 자체의 배합 이외에 그들 묶음의 단순한 외관으로부터 마음에 드는 형식들이 등장한다. 하지만 이 언어에서 이런 현상은 단순히 환상의 일시적인 만족이 아니다. 이는 문법 관계들이 정확히 논리적 관계들에 대응되기는 하지만, 생각의 예리함의 결과이다. 그리고 언어가 문법 형식을 예리하게 선별하는 데에 정신을 숙련시킨다면, 정신은 형식적이고 순수한 생각으로 점차 강하게 바뀔 것이다.

---

7 후아스테카(Huasteca)어는 대부분의 아메리카 언어처럼 여러 가지 대명사 형식들을 갖는데 대명사가 독자적으로 나타나거나, 동사를 지배하거나, 동사에 의해 지배되어 사용된다. 'nin'은 여기서 마지막 경우를 위해서만 사용된다. 'ta'음절은 대상이 동사로 표현됨을 암시하지만, 그 대상이 일인칭 혹은 이인칭으로 나타날 때만 앞에 놓여진다. 후아스테카어에서는 대상을 동사로써 나타내는 모든 방식이 매우 특이하다.

두 언어가 형성될 때 여러 단계에서 생기는 이런 엄청난 두 언어 간의 차이들을 고려하지 않더라도, 사람들이 대부분 형식이 없다라고 말할 수 있는 그런 것 중에서 많은 것은 수많은 양의 관념을 표현하고, 그리고 적은 요소들의 인위적이고 규칙적인 연결을 통해 관념의 다양한 관계를 나타내고, 그리고 축약형들을 힘과 연결하는 다양한 수단을 가진다는 것을 사람들은 인정해야 한다. 이러한 완성되지 않은 언어와 완전히 완성된 언어 사이의 차이는 완성된 언어는 표현되어야 할 것 안에서 세밀하게 작업되고, 그런 것에 거의 도달할 것이라는 데에 있지 않다; 오히려 그들은 정말로 그런 많은 것을 소유함으로써, 그들에게 어떤 일체성이 결여되어 있는데, 즉 문법 형식의 표현과, 이 표현의 생각에 대한 중요하고 유익한 반작용이라는 일체성이 결여되어 있다.

여기서 잠시 머물러서 고도로 발달한 언어를 동일한 방식으로 살펴 보면 다른 방식이긴 해도 이 언어 안에서도 유사한 것이 일어나고, 이 언어들에게 주어진 비난을 통해 발전이 안 된 언어들이 부당하게 대우받는 것처럼 보일 수 있다.

일단은 어떤 특정한 문법적 관계 표시에 한번 기여한 말들의 모든 연결이나 위치는 또한 실질적 문법 형식으로도 취급될 수 있다. 그리고 모든 표시들이 자체적으로 의미하는 어떤 실질적인 것을 나타내는 낱말들을 통해 성사되어야 한다. 그리고 그런 형식적 관계만 추론되어야 한다 해도 이것들에 따라 그렇게 많이 의존될 수는 없다. 순수한 문법 형식이라 해도 각각 다르게 존재할 수 없고, 예술적인 유기체에 의해 보다 높이 위치한 언어들도 거친 구조로부터 시작했으며, 그것의 흔적을 언어 자체에 보존하고 있어서 아직도 찾아 볼 수 있다.

오늘날의 연구가 확실한 근거에 기반을 두려고 한다면 이처럼 확실히 드러난 용법은 정확히 조망되어야 하는데, 이렇게 하려면 그 안에서 확실히 옳은 것을 인정하는 것이 우선 필요하고, 그리고 나서 반론적인 주장들에서도 분명히 옳은 것으로 남아 있는 것을 인정하는 것이 필요하다.[8]

어떤 언어 안에 어떤 문법 관계가 (그것이 같은 관계로 언제나 회귀하는 그런 식으로) 특징적으로 나타나는 것은 그 언어에서 문법 형식이다. 가장 고도로 발달된 언어들 중 대부분의 언어에서 오늘날까지도 더 원시적인 언어에서와 다르지 않은 요소들의 연결이 인식될 수 있다; 그리고 의미 있는 접합(교착)을 통해 만들어진 순수한 문법적 형식들의 이런 형성 방식도 거의 보편적인 방식이어야 했다. 이것은 그 언어가 이런 형식들의 표시를 위해 소유하는 수단을 매거해 보면 명백히 나온다. 이런 수단은 다음에서 생기기 때문이다;

- 접합, 혹은 고유한 낱말을 결정했거나 결정 과정 중에 있는 의미 있는 음절들의 삽입.
- 접합, 혹은 의미 없는 문자의 삽입, 혹은 단지 문법 관계를 지시할 목적으로 사용되는 음절.
- 어떤 모음이 다른 모음으로의 전이, 혹은 질의 변화, 혹은 강조를 통한 모음의 변형.
- 낱말의 내부에서 자음의 변화.
- 불변하는 법칙들에 서로 종속적인 낱말들의 배치.
- 음절 반복.

8 문법 관계의 표시를 위한 상이한 처리 방식의 문법적 무관심주의와 반대로 설정된 토론은 훔볼트에 있어서 두 개의 사물로부터 제3의 것이 생겨나는 통합 원칙이 어떤 것이 문법 형식인지 아닌지에 대한 척도라는 것을 명백히하는 것이다. 그래서 통합이 지배하는 곳에서만 언어의 개념이 완전히 실현되었다. 그러나 다른 한편으로 훔볼트는 '구조 없는' 언어, '접사' 언어, '굴절' 언어에 대해 언급하는 슐레겔의 급진적인 일반화를 거부하는 것은 확실하다.(A.W. Schlegel 1818:14) 여러 가지 문법적 처리 방식은 (Flexion 굴절, Agglutination 첨가, Stellung 위치) 개별 언어들에서는 상이한 혼합과 결과로 나타난다.

단순한 배치는 소수의 변화만을 허용하는데, 다의성의 모든 가능성이 방지된다고 하면, 당연히 소수의 관계들만을 나타낼 수 있다. 멕시코어에서 그리고 몇몇 다른 아메리카어에서 동사가 명사를 흡수하거나 포함함으로써 그러한 사용이 확대되기도 하지만, 거기에서도 이들의 경계는 아직도 크지 않다.

어떤 언어가 실질적 약속을 통해 만들어진다면, 의미 없는 낱말 요소들의 접합과 삽입 그리고 자음과 모음의 변형이 가장 자연적이고 가장 적합한 수단일 것이다. 이는 접합과 반대로 순수한 굴절이다. 그리고 형식들의 개념 뿐 아니라 대상들의 개념에도 해당하는 낱말들이 있을 수 있다. 그러한 낱말이 어떤 다른 언어에 어떤 형식을 통해 다시 연결되어 있기 때문에 그 형식들의 표시를 위해 대상의 개념에 속하는 낱말이 사용되지 않음을 우리는 위에서 보았다. 그러나 어떤 언어의 생성에서 문법적 관계들에 대한 명확한 표상과 구별을 전제하는 그런 표기 방식이 사전에 존재했다는 것을 생각하기는 어렵다. 이런 식으로 명확하고 관통하는 언어감각을 가진 민족들이 있었을 수 있다고 말한다면, 이는 끈을 푸는 것이 아니라 끈을 절단하는 것을 의미한다.[9] 당연히 그런 사태를 상상해 본다면, 어려움이 쉽게 가늠될 것이다. 사물들을 나타내는 낱말들에서 개념은 대상의 인지를 통해, 기호는 기호에서 쉽게 만들어지는 유추를 통해, 이해는 그런 것의 사전 지시를 통해 생성된다. 문법형식에서는 이 모든 것이 다르다. 문법형식은 단지 논리적인 개념에 따라서, 혹은 문법 형식을 도출해 내는 희미한 감정들에 따라서 인식되고, 나타내지고, 이해될 수 있다. 개념은 이미 존재하는 언어로부터 우선 추출될 수 있고, 그리고 개념을 나타내고, 표시를 명백

9 슐레겔은 어형 변화는 어간으로부터 나온다고 생각한다.(A.W.Schlegel 1818:14f) 훔볼트는 문법 형식은 어휘적 요소들로부터, 어형 변화는 첨가로부터 생겨났다는 혼 툭Horne Tooke의 견해에 동조한다. 비록 훔볼트가 이러한 견해 중 몇 가지에서 모순적인 모호한 경우를 제시하기는 하지만.

히하는 그런 충분히 규정된 유추들은 없다. 예를 들어 장모음과 이중모음처럼 그리고 접속사와 장소격을 나타내기 위해서 그리스어와 독일어에서 음의 지속적인 흔들거림처럼 몇몇 표시 방식들은 감정으로부터 생성되었을 것이다. 문법 관계들의 매우 논리적 성격이 이런 표기 방식에게 상상력과 감정과의 관련 맺는 것을 드물게 허용하기 때문에, 이런 경우들은 아주 드물었을 수 있다. 그러나 아메리카 언어에서 몇 가지 재미있는 방식들이 존재한다. 멕시코 언어에서 모음으로부터 출발하는 낱말들에서, 혹은 그들의 마지막 자음을 의도적으로 복수에서는 포기해 버리는 낱말들에서 복수는 마지막 모음이 이 언어에서 독특하게 강해서 발음에서 휴식을 일으키는 호흡으로 발음되는 데에서 만들어진다. 여기에 더불어 'ahuatl'(여자), 'teotl'(신), 복수형 'ahuâ', 'teteô'와 같은 음절 이중화가 가끔 동시에 등장한다. '다수'(Vielheit)의 개념은 음을 통해 보다 구상적으로 표시되는데, 첫째 음절이 반복됨으로써, 그 음절로부터 단호하고 정확하게 잘라내는 마지막 자음이 취해지고, 그 때 남아 있는 마지막 모음에게 그 음성이 곧바로 공기로 사라지는 그런 잠시 동안 강화된 강세가 주어지는 것보다 더 구상적으로 음을 통해 표시될 수 없다. 과라니어(Guaranisch, 파라과이, 아르헨티나 북부, 볼리비아, 브라질 남부 지방에서 사용되는 언어, 약 500만 명이 사용하고 있음)의 남부 방언에서 완료 'yma'의 어미는 보다 오래된 과거나, 혹은 보다 짧은 과거에 관한 언급일 때 차이에 따라 다소간 천천히 발음된다. 그런 표시방식은 그 언어의 지역들에서 거의 출현하고, 동작에 가깝다. 방금 언급된 몇 개의 경우와 유사한 경우를 추출한다면, 경험은 역시 그런 언어들에서 나타난 굴절의 기원과는 다른 것을 말해 준다. 왜냐하면 사람들이 어떤 언어를 보다 정확히 나누어 본 것처럼 의미 있는 음절의 접합은 모든 측면에서 나타나기 때문이다. 그리고 더 이상 증명될 수 없는 곳에서는 그 접합이 유추로부터 추론된 것인지, 아니면 그것이 이전에는 존재하지 않았던 것은 아닌지가 언제나 불확실해 보인다. 열린 접합이 얼마나 쉽게 외관상의 굴절로 될 수 있는가는 아메리카 언어에서 몇 가지 예를 통해 명확하게 확인될 수 있다. 므바야(Mbaya)어에서 'daladi'는 "du wirst werfen"(너는 던질 것이다)이고 'nilabuitete'는 "er hat gesponnen"(그는 실을 뽑아냈다)이다. 그리고 초성음 'd'와 'n'은 미래와 완료의 표시이다. 그래서 이러한 몇 개 음성을 통해 야기된 이러한 변형은 순수한 굴절 명칭에 대한 모든 요구들을 만들 수 있는 것처럼 보인다. 그러나 그것은 단순한 접합이다. 왜냐하면 실제로 매우 자주 사용되는 두 시제의 완전한 특징들은 'quide'와 'quine'이기 때문이다. 그러나 'qui'는 생략된다. 그리고 'de'와 'ne'는 다른 모음 앞에서 그들의 마지막 모음을 상실한다. 'quide'는 'spät'(늦은)와 'künftig'(미래의)를 나타내고, 'co-quidi'(noco의 co, 날)는 '저녁'을 말한다. 'quine'는 'und auch'(그리고 또한)를 나타내는 분사이다. 이전에 의미를 가진 낱말들 중에서 그러한 축약들의 많은 경우처럼 우리 언어들의 소위 굴절 음절들은 이들의 기원의 덕택이다. 그리고 접합이 더 이상 증명될 수 없는 곳에서 접합의 전제는 공허하고 용인 불가한 가설이라는 주장은 참으로 잘못된 주장이다. 모든 언어에서 순수히 본질적인 굴절은 아주 드문 현상이다. 그럼에도 불구하고 의심되는 경우들은 언제나 매우 신중하게 취급되어야 한다. 왜냐하면 원래부터 굴절은 존재했었다는 것이 위에 나온 사실들에 의하면 정해져 있는 것처럼 보이기 때문이다. 그래서 지금은 더 이상 구분될 수 없을 정도로 굴절은 형식 안에 있는 접합처럼 그렇게 존재할 수 있기 때문이다. 나의 견해에 의하면 더 나가야 하고, 어떤 민족의 정신적 개별성이 다른 개별성보다 언어 형성과 형식적인 사고(이 둘은 불가분적으로 연합되어 있다)에 더 잘 적합할 수 있다고 착각해서는 안 된다. 원래 모든 언어에 동일하게 접합과 굴절이 중요하다면, 어떤 민족은 굴절을 보다 빈번하게 그리고 보다 민감하게 사용해서, 첨가가 보다 빠르게 굴절로 변형될 것이고, 보다 이른 시기에 첨가의 방식을 완전히 버릴 것이다. 언어들이 아주 불완전한 상태로 끌려가는 것에 대한 책임은 상호적 영향들에 있을 수 있는 것처럼 그렇게 어떤 언어에서 다른 언어로의 전이 과정들과 같은 외적 상황들이 다른 경우들에서는 이런 언어의 언어 형성에게 보다 빠르고 높은 비약을 줄 수 있다.

이런 모든 것은 인간들의 본질과 민족들의 사건들에서부터 설명될 수 있는 자연스런 방법들이다. 그리고 어떤 민족들에게 최초 기원에서부터 굴절과 내적 발전을 통해서만 발전되어지는 언어 형성을 인정하고, 다른 민족들에겐 이런 종류의 모든 형성을 거부하는 의견을 말하려는 것이 내 의도는 아니다. 이러한 너무나 많은 체계적 분야는 내가 보기에는 인간적 발전의 자연스러운 방법에서부터 벗어나는 것으로 보이며, 만일 내가 시행한 연구들을 신뢰해도 된다면, 경험 자체를 통해서 많고 다양한 종류의 언어들의 정확한 연구에서 반박될 것이다.[10]

그러나 교착과 어형 변화에 이어 또한 매우 자주 나오는 세 번째 형성 방식이 추가되는데, 그것은 언제나 의도적이기 때문에 굴절을 가진 그런 유사한 집단에 소속시켜야 한다. 즉 이 집단에서는 어떤 낱말 형식만을 특정한 문법 형식으로 사용하는데, 접합이나 굴절을 통하지 않고 그 낱말 형식은 아직 어떤 이런 특징적인 것을 부가적으로 지니지 않는다.[11]

음절 반복은 어떤 문법적 관계를 통해 야기된 희미한 느낌들로부터 기인한다. 이런 개념의 반복, 강화, 확대가 진행되는 곳에서 음절 반복은 기능을 한다. 몇몇 아메리카어에서 자주 본 바와 같이 그리고 고대 인도어에 있

---

10 이 문단은 여기서 취소된 의견을 정확히 대표하는 프리드리히 슐레겔에 대한 훔볼트의 반론을 한 번 더 요약하고 있다. 그래서 사람들이 비록 오늘날까지 훔볼트가 비밀스럽게 민족적으로 언어 분류를 시행했다고 하는 것을 믿는다 해도 슐레겔적 사고를 통하여 완전히 은폐된 훔볼트-수용에도 책임이 있다.

11 이러한 형성 방식에 대해서는 훔볼트가 1826년 저술한 《중국어 문법의 구조에 대하여》(Ueber den grammatischen Bau der chinesischen Sprache)를 참조하시오.

는 모든 제삼의 굴절 동사에서처럼, 음절 반복이 존재하지 않는 곳에서는, 이 음절 반복은 단순한 음성적 특성에서부터 나온다. 이와 유사한 것을 우리는 모음변화라고 말할 수 있다. 이 음절 반복은 어떤 언어에서보다도 산스크리트어에서 아주 빈번하게 나오는데 중요하고 규칙적으로 등장한다. 그러나 아주 드문 경우에서만 문법 형식의 특징적인 것은 음절 반복과 관련된다. 음절 반복은 그런 형식들 중에서 특별한 형식하고만 연결되어 있고, 그리고 대부분 많은 형식과 동시에 연결되어 있어서 각각 개별적인 형식의 특징적인 것은 어떤 다른 것 안에서 찾아져야 한다.

즉 의미 있는 음절들의 접합은 언제나 문법 형식들의 형성을 위해 가장 중요하고 빈번한 보조 수단으로 남아 있다. 여기에서는 원시적 언어와 발전된 언어가 동일하다; 만일 발전된 언어에서도 모든 형식이 자체로 인식 가능한 요소들로 나뉘게 된다는 것을 믿는다면 사람들은 매우 혼란스워할 것이기 때문이다. 이 언어들에서도 접합을 생각하지 않고서도 굴절음으로 취급할 수 있는 완전히 개별적 음성들로부터 형식의 차이들은 나온다. 멕시코어에서는 어간어의 상이성에 따라서 미래는 그런 개별 문자들의 다양한 문자를 통해 표시되고, 명령은 어미 '-ya'나 어미 '-a'를 통해 표시된다. 그리스어에서 'e', 산스크리트어에서 'a'처럼 'o'는 과거를 나타내는 첨자이다. 이런 언어에서는 어떤 것도 이 음성들이 옛날에 낱말들의 전유물이라는 사실을 암시하지 않는다. 그리스어나 라틴어에 있는 비슷한 경우들을 지금 알려지지 않은 기원으로부터 나온 접합으로 적용시키지 않으려 한다면, 이런 고대 언어와 같이 여기 멕시코어에서도 굴절을 인정해야 한다. 타마나카(Tamanaca)어에서 'tareccha'(tragen(지니다)을 의미)는 현재이고, 'tarecce'는 과거이며, 'tarecchi'는 미래이다. 어떤 특정한 언어들은 접합을 지니고, 다른 언어들은 굴절을 지닌다는 주장이 개별 언어들에 대한 보다 정확한 투시와 그 언어 구조의 보다 자세한 인식을 함으로써 어떤 측면에서도 유지되지 못한다는 것을 증명하기 위해서만 나는 이 경우들을 소개할 것이다.

그래서 매우 발전된 언어들에서도 접합을 가정하는 것이 필요하고, 보다 많은 경우에 이것을 가시적으로 인식하는 것이 필요하다면, 그런 언어들에서도 순수한 문법 관계를 부가적으로 생각해야 한다는 주장은 당연히 옳다. 'amavit'(er liebte, 그는 사랑했다)와 'εποιησας'(folgen, 따르다)에서는 당연히 대명사, 시제, 어간어의 표시들이 합쳐지고, 여기서는 술어와 주어가 통합되어 있는 순수한 동사적 특징이 어떤 특별한 표시를 갖지 않고 추론되어져야 한다.[12] 이런 형식들에 대해 결정하려는 의지 없이 그와 동일한 몇몇 방식에 대하여 보조 동사가 병합되어 있고 이런 통합이 암시할 수 있을 것이라고 말하려 한다면, 이는 충분치 않다. 보조 동사는 당연히 설명되어야 하는데, 보조 동사가 다른 동사 안에 중첩되어져 있을 수는 없기 때문이다.

여기서 주어진 모든 것들은 하지만 'amavit'(er liebte, 그는 사랑했다)나 'εποιησας'(folgen, 따르다)와 같은 순수한 문법 형식들 사이와 대부분 원시 언어들이 문법관계의 표시를 위해 사용하는 그런 낱말의 지위나 음절의 지위들 사이의 차이를 드러내지 않는다. 실제로 하나의 형태 안으로 합해진 것 같은 그런 표현들은 요소들 안에서 단지 연속적으로 나열된 것처럼 보이는 데에 그 차이가 있다. 전체가 동반발전함으로 인해 부분들의 의미가 사라지고, 어떤 강세에서 부분들의 고정된 연결은 또한 그 부분의 특별한 강조를 변화시키며, 심지어는 그것의 음도 자주 변화시킨다. 그리고 흔히 비관적인 문법가는 더 이상 나누기를 싫어하므로, 전체 형식의 단위가 특정한 문법 관계의 표시가 된다. 사람들은 전혀 나뉠 수 없다고 생각하는 것을 일

12 여기에 대해 《중국어 문법의 구조에 대하여》 91쪽 이하 참조, Humboldt GS VII:214 이하 참조.

자(一者)라고 한다. 사람들은 서로 떼어낼 수 없고 어떤 다른 임의적 연결로 가져갈 수 없는 것을 순수하고 일단 고정적으로 조직된 몸이라고 생각한다; 이런 식으로 그 언어에 특별히 나타나지 않는 것을 사람들은 독자적 부분으로 간주하지 않는다. 이것이 어떻게 생성되었는가는 그 작용에 중요하지 않다. 그런 표시가 얼마나 독자적이고 의미가 있었는가 하는 그러한 정도의 표시는 그 표시가 해야 것처럼 언제나 동일한 개념에 중첩되는 단순한 변형이 된다. 의미 있는 요소들에 대해 먼저 추론되어야 했던 관계는 그 언어에서 바로 부분들이 전체로 되는 동반 발전을 통해서 실제로 존재하여서, 귀로 들려지고 눈으로 보여진다.

문법적 형식이 그렇게 형식적 성격을 지니지 않는다는 질책을 받는 언어들은 많은 경우에서 위에 서술된 언어들과도 물론 유사하다.

비록 헐겁지만 연속적으로 연결된 요소들은 대부분 단 하나의 낱말로 흘러 들어가서 단 하나의 강세로 합쳐진다. 그러나 한편으로 이것이 항상 일어나지 않고, 다른 한편으로 형식적 특성을 다소 방해하는 다른 부수적인 상황들이 등장한다. 형식들의 요소들은 분해될 수 있고 바뀌어질 수 있다; 각각은 축약이나 변형 없이 자신의 완전한 음을 지닌다; 이들은 언어에서 보통은 독자적으로 존재하거나 다른 문법적 연결에도 기여하는데, 예를 들어 대명사적 첨사는 명사에서는 소유대명사로, 동사에서는 인칭으로 나타난다; 아직 굴절되지 않는 낱말들은 문법적 형성이 깊이 침투해 들어간 어떤 언어에서와 같이 여러 부분들의 표식들을 지니지 않고, 문법적 요소들의 접합을 통해 비로소 그런 표식으로 만들어진다; 전체 언어의 구조란 바로 그런 식으로 존재하기 때문에, 연구는 바로 이런 요소들의 분류로 이어지며, 그리고 이런 분류는 어려움 없이 성사된다; 형식들의 표시나 이런 유사한 낱말 연결 이외에도, 단순한 나열을 통해서도 이런 문법적 관계들은 (연결의 명확한 추론하기를 통해서) 암시된다.

어떤 언어에서 여기에 매거된 상태들이 함께 나타날수록 그 언어는 형식적 사고를 그만큼 조금 촉진하고, 그들이 개별적으로 존재할수록, 그 언어는 형식적 사고를 그만큼 많이 촉진한다. 그리고 그 언어의 문법적 관계의 표시방법은 전자의 경우 문법 형식들의 순수 개념으로부터 더 멀리 떨어져 있고, 후자의 경우 조금만 떨어져 있다. 왜냐하면 언어에서 개별적으로 혹은 산재해서 나타나는 어떤 것이 아니라, 언어의 작용이 정신에 대해 결정하는 그런 것이 여기서는 결정적일 수 있기 때문이다. 그러나 이것은 전체 인상에뿐 아니라 전체적인 것의 특성에 달려 있다. 개별적인 현상들은 앞에서 일어났던 것처럼 일반적으로 감행된 주장에 반대하기 위해서만 제시될 수 있다. 그러나 이것들이 두 개의 언어가 언어 구성의 전체적 것에 따라서 나타내는 단계들의 상이성을 사람들이 오인하게 할 수는 없다.

어떤 언어가 자기의 기원으로부터 멀리 떨어질수록, 여타 동일한 상황들에서 그 언어는 그만큼 더 많이 얻을 것이다.[13] 아주 오랫동안 지속된 사용은 어순들의 요소들을 강력하게 용해시키고, 그 언어의 개별 음들을 갈아 없애며, 그 언어의 이전의 독자적 형식을 잘 인식하지 못하게 만든다. 왜냐하면 모든 언어들이 주로 접합에서부터 출발했다는 확신을 나는 버릴 수 없기 때문이다.

문법 관계들의 표시들이 다소 개별적으로 나뉠 수 있는 요소들로 구성된 것으로 보여지는 한은 화자는 매 순간에 사용하는 것보다 더 많이 형식

13 야곱 그림은 훔볼트로부터 낭만적인 언어 역사 이해를 되받기 위해서 훔볼트의 바로 이 명제를 아주 확실하게 도출해 낸다: "역사는 한 번 이상 우리에게 침몰의 과정을 허락하고 올라가는 과정은 절대 허락하지 않는다."(그림J. Grimm이 훔볼트에게 1824년 8월 8일에 씀. in: Anzeiger für deutsches Altertum 3, 1906, S.151) 훔볼트는 자신이 문법의 기원에서부터 정점으로의 상승을 생각했지, 일방적으로 설정된 자연법칙을 생각하지 않았음을 다음에서 잘 나타내고 있다: "언어가 문법의 정점에서 멀어질수록, 그 언어는 형식을 더 많이 상실한다."(VI: 221) 그러나 이런 의견이 저해가 되는 것은 아니므로 우리는 언어가 새로운 '정점'으로 다시 상승할 수 없다는 낭만주의적 언어들에 대한 훔볼트의 생각들을 여기에 소개할 수 있다.

들을 만들어 낸다고 말할 수 있다. 여기서부터 이런 형식의 아주 많은 다양성이 생겨나기도 한다. 왜냐하면 인간 정신은 자신의 자연적인 성향에 따라서 완전성을 추구하고, 그리고 아직 드물게 등장하는 모든 관계는 그런 오성 안에서 다른 모든 형식들과 같이 문법 형식이 되기 때문이다. 그와 반대로 보다 엄격한 의미에서 형식이 취해져서, 사용을 통해 형성되지만, 한 발 더 나가 익숙한 말하기가 새로운 모습으로 형성되지 않은 곳에서는, 자주 표시되는 것을 위해서만 형식이 존재한다. 그리고 드물게 나타나는 것은 바뀌어지고, 독자적 낱말을 통해 표시된다. 또 다른 두 가지 상황들이 이에 더해지는데, 아직 문명화되지 않은 사람은 자신의 모든 특별성에 있는 특별한 것을 그때마다 목적에 필요한 것으로 나타낼 뿐 아니라, 몇몇 민족들은 모든 문장들을 명목상 형식으로 묶는 습관을 갖는데, 예를 들어 그것이 대명사일 때 동사에 의해 지배되는 대상을 동사의 커다란 범위 안으로 수용하는 습관을 가지고 있다는 것이다. 여기서부터 형식의 순수한 개념이 본래부터 존재하지 않는 바로 그런 언어들은 엄격한 유추에서 완전성을 함께 만드는 수많은 명목상의 형식들을 가지게 된다.

언어의 장점은 다양성과 형식의 엄격한 규칙성에 달려 있으며, 아주 특별한 상이성에 대한 수많은 표현들에 달려 있다면(아비폰어에서 3인칭의 대명사가 '사람이 있거나', '없거나', '서 있거나', '앉아 있거나', '누워 있거나', '돌아다니거나'라는 생각에 따라 달라지는 것처럼), 이는 오늘날에도 드물지 않게 발생하는 것처럼 야만인들의 수많은 언어를 고도로 발달한 민족의 언어들보다 상위에 놓아야 할 것이다. 그러나 이성적인 방식에서 볼 때 언어들의 장점은 관념 발달에 대한 언어의 적합성에서만 찾아질 수 있기 때문에, 언어들의 장점은 반대로 나타난다. 왜냐하면 이런 언어는 형식들의 이런 다양성을 통해서 오히려 부담을 느끼기 때문이고 모든 경우에서 그 언어가 필요하지 않은 그렇게 많은 낱말들 안에다가 부가 규정들을 함께 수용해야 하는 것은 해당 언어에게 부담이 되기 때문이다.

지금까지 나는 문법 형식들에 관해서만 언급했다: 즉 대부분의 형식들이 동일하게 사용될 수 있는 문법적 낱말들이 각각 언어에도 존재한다. 그런 것들은 주로 전치사와 접속사들이다. 문법 관계의 표시로서 이 전치사와 접속사가 이런 낱말들의 기원에 대립되는 것만큼 순수한 관계 기호의 표시로서 그 형식들의 기원에 대립되는 것도 문제이다. 순수한 형식들처럼 그들 모두가 단순한 관념에서 도출될 수 없고, 시간과 공간처럼 경험 개념들을 도움으로 취해야 하는 데에만 차이가 있다. 그래서 룸스덴Lumsden[14]이 새롭게 자신의 페르시아 문법에서 낱말의 순수한 의미에서의 전치사들과 접속사들이 본래부터 있었다고 하는 주장을 한다 해도 우리는 당연히 의심할 수 있다. 혼 툭Horne Took[15]의 좀 더 정확한 이론에 따르면, 모든 낱말은 아마도 대상을 실제로 나타내는 낱말들로부터 그 기원을 갖는다.[16] 그래서 언어의 문법 형식적 작용은 이런 분사들이 그들의 기원에 보다 가까이 혹은 보다 멀리 떨어져 있는 정도에 기인한다. 여기서 언급된 것에 대해 확실한 예를 다른 어떤 언어보다 멕시코어의 전치사가 잘 전해 줄 것이다. 이 언어는 전치사의 상이한 세 가지 종류를 가지고 있다;

1. 그 기원이 이들 중에서 동일하기는 해도, 더 이상 어떤 명사의 개념이 발견되지 않는 것, 예를 들어 'c'(in, 안에)이다.

2. 전치사를 어떤 알려지지 않은 요소와 연결지어진 것으로 생각하는 것.

3. 전치사와 연결된 명사를 명확히 갖고 있는 것. 예를 들어 'itic'는 'in'을 나타내는데, 원래 'ite'(배)와 'c'(-안에)로 되어 있고, '배 안에'(im Bauch)

14 Mathew Lumsden (1777–1835), 아랍어와 페르시아어 교수.

15 Horne Tooke (1736–1812), 영국의 정치가이자 문헌학자.

16 Horne Tooke, "Epea pteroenta, or the Divisions of Pureley", 2 Teile, London 1786-1805: 툭의 어원론은 모험적이었지만 훔볼트가 동의하는 것은 툭이 행한 이론의 원리뿐이다.

를 뜻한다.

'Ilhuicatl itic'는 우리가 그것을 번역하자면 '하늘에'(Im Himmel)이지만, 실은 '하늘의 배에'(im Bauch des Himmels)이다. 이는 'Himmel'이 2격으로 나타나기 때문이다. 대명사는 위에 나온 마지막 두 개의 전치사와만 결합되고, 그래서 인칭대명사가 아니고 소유대명사가 취해지기 때문에, 이것은 명백히 전치사 안에 숨어 있는 명사를 지시한다. 'Notepotzco'는 '내 뒤에'(hinter mir)로 번역되지만, 원래 'teputz'가 '등'(Rücken)이므로, '내 등 뒤에'(hinter meinem Rücken)이다. 여기서 사람들은 원래의 의미가 사라진 연속 단계들을 보게 되며 민족의 언어를 만들어 가는 정신도 보게 되는데, 만일 'Bauch', 'Rücken'과 같은 명사가 전치사의 의미에서 사용된다면 그 낱말들을 문법적으로 연결시키게 하기 위해서(라틴어 'od instor'와 독어 'in mitten' 식으로) 그것에 이미 존재하는 전치사를 부가시키는 그런 민족의 정신을 본다. 이런 점에서 문법적으로 불완전한 멕시코 언어는 'vor dem Hause'(집 앞에), 'hinter dem Hause'(집 뒤에)를 바로 'chisi', 'sata huahi'로 나타내는데 이는 'Bauch', 'Rücken', 'Haus'를 의미한다.

언어들에서 굴절과 문법적 낱말들 사이에서 형성되는 관계는 그것들 안에서 새로운 상이성들을 만들어 낸다.[17] 예를 들어 어떤 언어는 격을 통해 더 많은 한정사들을, 다른 언어는 전치사를 통해 더 많은 한정사들을 만들고, 어떤 언어는 굴절을 통해서 시제를 만들고 다른 언어는 보조 동사와의 혼합을 통해서 시제를 만드는 데서 이런 상이성이 나타난다. 왜냐하면 이런 보조 동사들이 문장 부분들의 관계를 단순히 나타낸다면 이들은 역시

17 여기서 훔볼트는 슐레겔이 행한 '통합적' 언어와 '분석적' 언어로의 어형 변화 언어들의 구분을 토대로 하는 문법적 방식에 관심을 갖는다.(A.W.Schlegel 1818:16ff 참조) 물론 훔볼트는 슐레겔의 전문 용어를 사용하지 않는다.(여기에 대한 이유를 위해 Humboldt GS VI:260f를 보시오)

단지 문법적 낱말들이기 때문이다. 그리스어 'τυγχανειν'(Es ereignet sich, 생기다, 발생하다)에 대한 진정한 질료적 의미는 전혀 알려져 있지 않다. 산스크리트어에서는 매우 드물지만 'shtha'(stehen, 서 있다)가 이런 것에 사용된다. 그러나 이런 점에서 언어들의 장점을 판단하는 규범은 보편적인 원리에 따라 설정될 수 있다. 표시되는 관계들이 어떤 특별한 개념의 지향성 없이 보다 높고 일반적인 관계의 성향으로부터만 생겨나는 그곳에서는 그런 표시는 굴절을 통해서 보다 잘 실현되고, 보통은 문법적 낱말을 통해서 실현된다. 왜냐하면 자체로 완전히 의미가 없는 굴절은 관계의 순수한 개념 이외에 아무것도 갖지 않기 때문이다. 게다가 관계를 규정하기 위해 그 관계에 관련되는 부가 개념, 그리고 순수한 생각이 미치지 않는 곳에서 언제나 부가되어야 하는 그 부가 개념은 문법적 낱말로 나타난다. 그래서 산스크리트어 어형 변화의 세 번째 격과 일곱 번째 격은 이 언어가 가지는 부러워할 만한 가치를 지닌 장점이 될 수 없다. 왜냐하면 이것을 통해 표시된 관계는 전치사를 통해서 좀 더 확실히 구분할 수 있을 만큼 충분하지 않기 때문이다. 만일 완전히 질료적 의미 안에 있는 어떤 낱말이 문법적 낱말로 결정된다면, 정말로 문법적으로 형성된 언어들이 언제나 배제하는 세 번째 단계는 우리가 위의 전치사를 통해 본 바와 같다.

사람들은 굴절들이나 문법적 낱말들을 유지하기를 좋아한다. 그래서 항상 동일한 것으로 되돌아간다. 대부분의 언어들은 모든 문법적 관계들을 아마도 충분한 명확성과 확실성으로 표시할 수 있을 것이다. 심지어 대부분 언어들은 매우 다양한 공식적 형식들을 가질 수 있다. 그러나 그들에게 전체적으로 그리고 개별적으로 순수한 문법적 형식성의 결함이 있을 수 있다.

나는 지금까지 언어들이 이 문법 형식에 우선 유사한 문법 형식의 유추를 문법 형식 자체와 구별하려 주로 노력했다. 거기서 부적절한 인식에서 만들어진 보편적 이성 이외에 어떤 것도 언어 연구에 결정적인 손상을 주지 않았음이 확실하다. 여기서 고찰된 언어들 중 적어도 한 언어의 완전한 연구로부터만 진정한 확신이 나올 수 있다고 생각한다 할지라도 나는 과도한 세밀함 없이 예들을 가지고 모든 개별적인 것을 증명했다. 하지만 어떤 결정적 결과에 도달하기 위해서는 여기에서 다루어진 질문을 지금 사실적인 것과 섞지 않고 이 질문의 마지막 순간에 요약하는 것이 필요하다.

문법적 형식성의 생성과 영향의 연구에서 모든 것이 추구하고자 하는 것은 대상의 표시와 관계, 사물과 형식들 사이의 올바른 구분이다.

질료적인 것으로서, 그리고 순수한 필요성의 결과로서의 말하기는 사물의 표시에만 직접 관여한다; 그래서 대부분의 사고능력은 언어에게 형식성을 부여하고, 언어 안에 있는 대부분의 형식성은 사고 능력을 향상시킨다.

1. 문법 형식의 생성

언어란 원래 대상들을 표시하고, 이해하는 자에게 담화를 연결하는 형식을 추론하게 한다.

그러나 언어는 어순을 통해서, 그리고 대상과 사태를 위해 관계와 형식을 지시한 낱말들을 통해서 이런 추론을 용이하게 시도한다.

그래서 가장 낮은 단계에서는 성구들, 구문들, 문장들을 통해서 문법적 표시가 나타난다.

이런 보조수단은 규칙성을 띠게 되고 어순은 고정되고 언급된 낱말들은 점차 독자적 사용을, 그들의 본래 의미를, 그들의 원래 음성을 상실한다.

그래서 두 번째 단계에서 문법적 표시는 고정된 어순을 통해 일어나고, 사물 의미와 형식 의미 사이를 오가는 낱말들을 통해 나타난다.

어순들은 통일성을 획득하고, 형식을 의미하는 낱말들은 이런 어순에 추가되어 어미가 된다. 그러나 그런 연결은 아직 고정되어 있지 않다. 접합

현상이 아직은 관찰될 수 있고, 전체적으로는 접합체이지만 아직 일체는 아니다.

그래서 세 번째 단계에서 문법적 표시는 형식의 유사체를 통해 나타난다.

이런 형식성이 결국은 관철된다. 낱말은 일체가 되어서, 그것의 문법적 관계들에서 변화된 굴절 음을 통해서만 변형된다: 모든 것은 일정한 품사에 속하고, 단순히 어휘적인 개별성만이 아니라 문법적 개별성도 지니고 있다: 이 형식을 나타내는 낱말들은 혼란스런 부차적 의미를 갖지 않고 관계들을 나타내는 순수한 표현들이다.

그래서 가장 높은 단계에서 문법적 표시는 순수한 형식을 통해서, 즉 굴절과 순수한 문법적 낱말을 통해서 나타난다.

형식의 본질은 형식의 통일성에, 즉 낱말에 부가된 부가음을 넘어서, 형식이 속하는 낱말의 주도적 지배 안에 존재한다. 이는 요소들의 사라져 가는 의미를 통해서, 그리고 오랜 사용으로 인한 음의 용해를 통해서 경감된다. 언어의 생성은 단지 죽어 버린 힘들의 매우 기계적인 작용을 통해서는 완전히 설명될 수 없다. 그리고 사람들은 거기서 힘의 영향과 사고력의 개별성을 절대로 시야에서 놓치지 말아야 한다.

낱말의 단위는 강세를 통해 만들어진다. 이 강세는 자체로 볼 때 강조된 음 자체보다 정신적 특징을 더 많이 내포하고 있다. 그리고 사람들은 이 강세를 말의 영혼이라고 하는데, 이에 대한 이유는 이 강세가 비로소 본질적 이해를 이런 담화로 인도해 낼 뿐 아니라, 이 강세가 언어에서 그 외의 어떤 다른 것보다 더 직접적으로 그 담화를 이끌어 내는 느낌의 발산이 되기 때문이다. 이 강세는 통일성을 통해서 낱말들을 문법적 형식으로 특징지우는 곳에서도 그렇다; 빠르게 그리고 깊이 용해되기 위해 철이 급하고 강한 불길을 필요로 하는 것처럼, 새로운 형식들의 용해는 형식적 경계 설정을 위해 노력하는 강한 사고력의 역동적 행위에서만 성사된다. 이것은 형식들의 일반적 특성에서도 나타나고 있다. 그리고 적어도 언젠가는 정신이 풍부하거나 깊이 생각하는 민족에 의해 말해지는 행운을 언어가 경험하지 않는다면, 그 언어가 어떤 운명을 가진다 할지라도 우수한 문법적 구조에 도달하지 못한다는 것은 매우 확실하다. 그렇지 않으면 어떤 것도 그 언어를 어설프게 종합되어진, 그리고 사고력을 예리하지 않게 언급하는 형식들의 어설픔으로부터 구할 수 없다.

2. 문법 형식의 영향

언어를 통해서 발생하는 사고는 외적이고 신체적인 목적에 지향되어져 있거나, 자기 스스로에, 즉 정신적 목적에 지향되어져 있다. 이러한 이중적 방향에서는 언어에서 대부분 문법 형식의 표시 종류에 의존하는 개념들의 명확성과 확실성이 필요하다.

구문들을 통해서, 아직 확실한 규칙으로 되지 않은 어순들을 통해서, 심지어 형식들의 유사체를 통한 문법 형식의 바꿔 쓰기는 드물지 않게 이중성을 드러낸다.

그러나 이해와 외적인 목적이 성사되었다 해도, 매우 자주 그 개념 자체는 애매하며, 그 목적이 개념으로서 명백히 두 개의 상이한 방식으로 취해질 수 있는 곳에서는 구분이 되지 않는다.

사고가 단순히 외적인 본능만이 아니라 실제적이고 내적인 고찰을 지향한다면, 개념들의 확실한 명확성과 확실성도 어떤 다른 개념을 불러일으키고, 외적인 방식으로는 언제나 도달하기 힘든 요구들을 불러일으킨다.

왜냐하면 모든 사고는 필연성과 통일성을 지향하기 때문이다. 인류의 모든 노력은 이와 같은 방향성을 가지고 있다. 왜냐하면 인류의 모든 노력이 추구하는 마지막 결과는 규칙성을 연구하면서 찾거나, 규정하면서 근거짓는 것 이외의 다른 것을 목적으로 하지 않기 때문이다.

언어가 생각에 적합하다면, 언어는 그 구조에서 가능하면 많이 구조의 유기체에 일치해야 한다. 그렇지 않으면 언어는 모든 상징 안에 있어야 하므로, 언어가 가장 직접적 연결에 있는 불완전한 상태의 상징이다. 한편으로 언어의 수많은 낱말들은 언어 세계의 크기를 소개하고, 언어의 문법 구조는 생각의 유기체로부터 나온 언어의 관점을 나타낸다.[18]

언어는 사고를 유도한다고 한다. 즉 이 사고는 언어 안에서 지속적으로 어떤 요소에서 다른 요소로 전이될 수 있어야 한다. 그리고 사고가 통합이 되기 위해 스스로, 필요로 하는 모든 것을 위해, 언어 안에서도 기호를 만나야 한다. 그렇지 않으면 언어가 사고를 도출하는 대신에 언어는 사고를 떠나고 그곳에 간극들이 생긴다.

결국 정신이 어디서나 그리고 언제나 통일성과 필연성을 추구한다 해도, 정신은 이 두 가지를 스스로에서부터 순차적으로만, 그리고 많은 감각적인 수단의 도움으로만 발전시킬 수 있다. 사고를 위해 언어는 이런 많은 수단 중에서 가장 도움이 되는 수단에 속하는데, 언어는 가장 필수적이며 기본적인 목적 때문에 규칙, 형식, 법칙성을 필요로 한다. 그래서 사고가 언어 안에서 형성되었다고 생각하고, 사고 스스로도 언어를 추구하면 할수록, 사고는 언어와 함께 더욱더 내적으로 결합될 수 있다.

사람들이 여기서 언어에 설정된 이러한 모든 요구들에 따라서 언어들을

18 훔볼트에 있어서 '사고의 유기체'는 칸트에 의해 표시된 영역인 조망과 사고의 선험적 형식의 영역이다. 상이한 언어들은 한편으로는 문법에서 다른 한편으로는 어휘에서 이러한 '내적 세계'는 물론 '외적 세계'에 관한 여러 가지 견해를 제시한다. 선험적인 내적 세계에 대하여 문법적인 처리 방식이 더 모사적이면('더욱 상징적이면') 모사적일수록, 그것은 더욱 완전하다. 그래서 어휘와 관련하여 '완전성'에 대한 질문, 즉 '외적' 세계와 관련하여 설정하는 질문이 왜 의미 없는가가 명백하다: 외적인 세계에는 완전성의 척도로 적용될 수 있는 어떤 선험적인 것도 존재하지 않는다. 여기에서는 최대한의 '규모'와 최대한의 '풍요함'이 중요하다.

고찰한다면, 언어는 그러한 요구들만을 충족시킬 것이다. 좀 더 자세히 말하자면 언어들이 그런 것들의 유사체가 아니고 정말로 문법 형식을 가진다면, 이 차이는 아주 중요한 것으로 드러날 것이다.

가장 중요하고 가장 본질적인 것은 정신은 언어가 사태와 형식, 대상과 관계를 완전히 분리하여, 이 둘을 함께 혼합하지 않을 것을 언어로부터 요청한다는 것이다. 언어가 정신을 이런 혼합에 익숙하게 하는 것처럼 혹은 정신으로부터 구분을 어렵게 하는 것처럼, 언어는 사고의 모든 내적 작용을 마비시키고 위조한다. 그러나 바로 이런 구분은 우리가 위에서 문법 형식의 단계적인 제시에서 본 것처럼 문법적 낱말 혹은 굴절을 통한 순수한 문법 형식의 형성에서 비로소 잘 드러난다. 형식의 유사체만을 인식하는 모든 언어에서는 재료적인 것이 형식적으로만 존재하는 문법적 표시 안에 잔류해 있다.

위에서 형식이 서술된 것처럼 형식의 용해가 완전히 성사되지 않는 곳에서 정신은 아직도 요소들을 나누어서 본다고 믿는다. 그리고 거기서 정신을 위해서 언어는 정신의 고유한 작용 법칙과 예상된 일치를 보이지는 않는다.

정신은 간극을 느끼고 그 간극을 메우려고 노력한다. 정신은 알맞은 크기의 적당한 수량에 관여하는 것이 아니라, 연관된 것들이 뒤엉킨 것들에 관여하며, 정신의 법칙에 일치하며 매우 적합한 언어 형식들을 매개로 하여, 특수한 개념들을 보다 보편적인 개념들에 용이하게 성사시키는 연결을 할 때에 동일한 속도와 숙련도로 작업하는 것이 아니고, 동일한 호의로 작업한다.

여기서 만일 매우 극단적인 질문을 한다면 다음이 밝혀질 것이다: 어떤 문법 형식이 이 형식을 전혀 대체하지 않는 유사체에 놓여 있는 요소 이외에 어떤 다른 요소를 포함하지 않아도, 그 문법 형식은 정신에 대한 영향에서 완전히 다른 어떤 것이라는 사실과, 그리고 이는 문법 형식이 창조한 사고력의 힘의 반영을 내포하는 문법 형식의 통일성에만 근거를 둔다는 사실이 밝혀질 것이다.

이런 식으로 문법적으로 형성되어지지 않은 언어 안에서 정신은 담화 연결의 보편적 도식(그 언어에서 이것의 적합한 표현은 쉽게 성사되는 모든 사고의 본질적인 조건이다)을 허점투성이이고 불완전하다고 생각한다. 이 도식 자체가 의식 안으로까지 도달하는 것은 불필요하다: 이것은 역시 고도로 발달한 민족에게는 결여되어 있다. 언제나 정신이 무의식적으로 그것에 대해 처리하기 때문에, 정신이 모든 개별적 부분을 위해서 올바른 규정을 가진 다른 것으로 정신을 다시 파악하는 그런 표현을 찾는다면 충분한 것이다.

언어가 정신에 역으로 영향을 미치는 경우에서 순수한 문법 형식은 언어에 의도적으로 주목이 주어지지 않은 곳에서도 형식의 인상을 만들어서 형식적 형성을 불러일으킨다. 왜냐하면 언어는 순수하게 관계의 표현만을 가지며, 오성이 이탈할 수 있을 어떤 질료적인 것도 가지지 않고, 오성이 그 안에서 변화한 본래적 낱말 개념을 응시한다면, 정신은 형식 자체만을 파악해야 하기 때문이다. 순수하지 않은 형식에서 정신은 이런 과정을 시행할 수 없다. 정신이 관계 개념을 언어 안에서 완전하게 충분히 조망하지 않기 때문이고, 부가 개념들을 통해서 정신이 흩어지기 때문이다. 이것은 가장 익숙한 경우에서 나타나는데, 즉 민족의 모든 계층을 통해 일어나고, 그리고 언어의 작용이 통용되는 곳에서 일어나고, 또한 이것은 개념의 보편적인 명확성과 확실성을 만들어 내고, 순수 형식적인 것을 보다 쉽게 파악하는 일반적 장치도 만들어 낸다. 한번 존재한 이런 장치는 계속 형성된다는 것이 정신의 특성이기도 하다. 어떤 언어가 문법적 형식들을 순수하지 않고 결점 투성이로 오성에게 제공할 경우, 이런 작용이 오래 진행되면 될 수록, 순수한 형식적 견해의 이런 흑암 상태로부터 빠져나오기 어렵기 때문이다.

그래서 그런 식으로 문법적으로 만들어지지 않은 언어의 관념 발달에 대한 적합성에 대해 언급한다면, 어떤 민족이 그런 언어의 불변하는 토대 위에서 스스로 높은 학문적 교양에 도달할 수 있으리라고 파악한다는 것은 매우 어렵다. 거기서는 정신이 언어로부터, 그리고 언어가 정신으로부터 서로가 필요로 하는 그런 것을 취하는 것이 아니고, 그들의 상호적 작용의 결실이다. 언어가 개선되기를 바란다면, 우선은 언어 자체의 변화가 있어야 할 것이다.

문법적으로 형성된 언어들이 다른 언어와 구별되는 기준들은 이런 방식의 대상들에서 이것이 일어날 수 있는 정도로 결정되어져 있다. 어떤 언어도 모든 보편적 언어 법칙과 완전히 일치한다고 자랑할 수 없고, 어떤 언어도 완전히 모든 부분들을 가지고 만들어져 있지 않다. 그리고 가장 낮은 단계의 언어 안에도 상당한 수준들이 내포되어 있다. 그러나 두 종류의 언어를[19] 서로 명확히 구별해 주는 차이는 완전히 상대적인 차이가 아니고, 즉

19 슐레겔의 개별 언어들에 대한 '일반적으로 감행된 주장들'에 반대하는 모든 의구심에서 훔볼트는 — 세부 사항에서 나타난 모든 차이에서 — 확정할 수 있는 '전체적 인상'을 토대로 언어들의 두 가지 '부류'(문법적으로 형성된 언어와 그 밖의 언어)의 구분을 하는데, 이 구분은 표층적으로는 프리드리히 슐레겔의 두 가지 '주된 부류'에 해당한다. 나중에 훔볼트는 중국어를 집중적으로 연구한 후에 이러한 이원 분류를 수정하고 중국어의 새로운 평가를 통해서 삼원 분류를 한다.(《중국어 문법의 구조에 대하여》 참조) 이는 표층적으로 다시금 슐레겔A.W.Schlegel의 분류에 해당한다. 훔볼트는 스스로 나중에 언어들의 분류화 문제에 대하여 그의 외관적인 흔들림을 최종적인 명확함으로 정리한다.(Humboldt GS VI:150 이하 참조) 특성의 종류에 따른 분류화는 언어 자체의 특성에 위배되고 언제나 취소될 가능성이 있다. 개별 언어들이 범주들로서가 아니라 개별로서 다르기 때문이다; 그러나 그것들은 개별로서 언제나 자체적으로 하나의 부류를 형성한다. 사람들이 모든 분류화에 거슬리는 언어들의 개별성을 관찰할 때만, 고찰이나 서술을 위해 그리고 개별 언어적 처리와 관련해서 분류화들을, 정확히 말하자면 부분적인 거짓 부류들을 설정하는 것이 정당하다. 여기서 그리고《중국어 문법의 구조에 대하여》에서 소개된 부류들도 그런 것으로서 해석될 수 있다. 이로써 슐레겔의 분류화 시도와 훔볼트를 환기시킨 모든 후기의 자연과학적 방법을 극단화시키는 분류화 시도들에 대한 대립은 명백하다.

어느 정도 내포된 차이가 아니고, 실제로 절대적인 차이다. 왜냐하면 형식이 있다거나 아니면 없다거나 하는 상태가 언제나 가시적으로 알려지는 것이 아니기 때문이다.

문법적으로 형성된 언어들만이 관념 발달을 위해서 완전한 적합성을 가진다는 것은 당연한 일로 여겨지면 안 된다. 그 밖의 언어들로 얼마나 많은 것을 수행할 수 있는가는 당연히 시도해 보면 알고 경험이 증명할 것이다. 그 언어들은 절대로 다른 언어와 같은 수준과 방식으로 정신에 작용할 수 없을 것이다.

낱말의 일반적인 의미에서 볼 때, 거의 모든 문법으로부터 벗어난 언어를 통해 수천 년 동안 꽃피운 문학의 재미있는 예를 중국어가 제공한다. 공자와 그의 제자들의 문헌들에 나타난 고대 문체에서, 오늘날에도 모든 위대한 철학적, 역사적 저술들에 일반적으로 들어 있는 바로 그런 보편적 문체에서, 문법 관계는 위치나 특별한 낱말을 통해서만 표시된다는 것과, 명사, 형용사, 동사 혹은 분사를 위해 어떤 낱말을 취해야 하는가를 맥락을 통해서 독자가 결정한다는 사실은 이미 알려져 있다.[20] 만다린어의 문학적 문체는 그 언어 안으로 보다 많은 문법적 확실성을 가져오려고 시도했지만 어떤 그럴듯한 문법 형식도 갖고 있지 않으며 그리고 방금 언급된 이 민족의 가장 유명한 문학은 언어의 이러한 새로운 처리와는 완전히 무관하다.

에티엔느 카트흐메흐Etienne Quartremere[21]가 예리하게 증명하려 시도했던 것처럼, 콥트어가 고대 이집트어였다면, 이 민족이 토대로 삼았다고 하는 높은 학문적 교양도 여기서 고찰 대상이다.[22] 왜냐하면 콥트어(Coptisch, 이집트지방에서 사용된 인도게르만어군의 언어)의 문법 체계도 자씨Silvestre de

---

20 *Grammaire Chinoise par M. Abel-Remusat*(레뮤자트의 중국어 문법), p.35, 37.

21 (?-1857), 동양학자이며 아랍어권 전문가.

22 *Recherches eritiques et historiques sur la langue et la litterature de l'Egypte.*

Sacy[23]가 서술한 것처럼 완전히 종합적인 체계이고, 문법적 표시들이 사태를 의미하는 낱말들과 구분되어 앞에 혹은 뒤에 놓이는 그런 체계이기 때문이다. 자씨Sacy는 그것을 여기서 중국어와 비교한다.

만일 가장 주목할 만한 민족들 중 두 민족이 거의 문법 형식이 없는 혹은 완전히 문법 형식이 없는 언어들을 가지고 그들의 지적인 교양 단계에 도달할 수 있었다면, 이로부터 이러한 형식의 요구된 필요성에 반대하는 중요한 반론이 등장하는 것처럼 보인다. 여기서 언급되고 있는 언어의 특성이 우선적으로 작용하는 그런 장점을 이 두 민족의 문학이 소유했다는 것이 아직 확실한 것은 아니다. 왜냐하면 간단하고 쉽게 형성된 문법 형식들의 풍요로운 다양성을 통해 조성된 생각의 속도와 예리함은 변증법적이고 수사학적 진술에서도 부인할 수 없이 매우 명백하게 나타나기 때문이다. 그래서 그것은 가장 고상한 힘과 섬세함으로 나타나는 아티카풍의 운율시 형태로 발전된다.[24] 이 민족의 문학에 대한 타당한 판단을 내리는 그런 자들도 중국의 고대 문체에 대해서 그 문체는 불확실하고 낡은 것이라고 인정한다. 그래서 그 문체를 따르면서, 삶의 요구에 잘 적응된 사람은 이 문체에 더 많은 명증성, 확실성 그리고 다양성을 주는 방향으로 노력해야 했다. 그래서 이것은 우리의 주장과는 반대로 증명한다. 고대 이집트 문학에 대해서는 어느 것도 알려져 있지 않다: 그러나 우리가 이런 흥미 있는 나라의 관습, 법률, 예술, 건축물에 대해서 안다는 것은 정신의 가볍고 자유로운 관념의 처리가 아니라 학문적 교양이다. 이 두 민족들이 그들에게 없는 장점들을 방금 얻었다면, 이를 통해서 위에서 발전된 것이 모순적이지는 않을 것이다. 인간 정신이 자신의 힘들의 최적의 노력과 최적의 상황의 만남

23 *In Millins Magagin encyclopedique Tom.* IV. 1808. S.255. 여기서는 정신적으로 풍부하고 새로운 사고들이 상형문자와 알파벳 문자를 거쳐 언어들의 문법적 형성으로 발전된다.

24 훔볼트의 "Poesie und Prosa"를 참조하시오.

을 통해서 활동하는 곳에서, 인간 정신은 많은 노력이 들고 보다 오래 걸리는 길이라 해도 그런 도구를 가지고 목표에 도달한다. 인간 정신이 그런 어려움을 극복하기 위해서는 어려움들이 적지 않게 존재한다. 문법 형식이 전혀 없거나, 매우 불완전한 문법 형식을 가진 언어들이 지적 행위를 조장하는 대신에 방해를 한다는 것은, 이미 본인이 지적한 대로 사고와 담화의 성격에서부터 나온다. 실제에 있어서 다른 힘들이 이런 방해들을 약화시킬 수 있거나 강화시킬 수 있다. 학문적인 고찰을 하고자 한다면 사람들은 순수한 결론에 도달하기 위해서, 고립된 동기로서의 모든 작용을 어떤 낯선 것을 통해 방해받지 않은 것처럼 그렇게 그리고 그 자체로 판단해야 한다. 그리고 여기서는 문법 형식과 같이 이런 일들이 일어난다.

아메리카 언어들에서도 보다 높은 형성 단계가 어느 정도까지 갈 수 있는가를 알기 위해서는, 어떤 순수한 경험도 도움이 될 수 없다. 지금 존재하는 멕시코 언어의 원주민 문자[25]는 단지 정복시대에서부터만 유래를 찾을 수 있다. 그래서 이미 그 안에는 낯선 영향이 숨 쉬고 있다. 유럽에서 사람들이 그것에 대해 아무것도 모르는 것은 매우 유감이다. 정복 이전에 그 지역에는 문자 표기 수단이 전혀 없었다. 알파벳의 발명 때까지 그런 방해를 극복한 사고력의 결정적인 힘을 가진 어떤 민족도 없었음을 우리는 이미 증거로 내세울 수 있을 것이다. 이런 발명은 매우 드물게만 일어났는데, 대부분 알파벳들이 전수를 통해서 차례대로 생성되었기 때문이다.

산스크리트어는 우리에게 알려진 언어 중에서 유기체의 그런 완전성과 우수성에 있는 문법 형식의 순수한 구조를 지닌 가장 오래된 최초의 언어이다. 셈언어들이 이런 언어와 유사하다: 그리스어는 논쟁할 필요 없이 구조의 가장 높은 완성도에 도달한 언어인데, 이런 관점에서 이 언어는 좀 늦

---

25 알렉산더 폰 훔볼트 A.v.Humboldt 의 "*Essai politizue sur le royaume de la Nouvelle Espagne*", p.93. 또한 "*Vuesdes Cordilleres et monumens des peuples de l'Amerique*", p.126을 참조.

게서야 등장했다. 이런 여러 가지 언어들이 여기에서 고찰된 관점에서 서로에게 어떻게 나타나고, 어떤 새로운 현상들이 고대어로부터 우리의 새로운 언어들의 생성을 통해서 나타났는가가 보다 넓고 세밀하고 어려운 연구에 대한 많은 자료를 제공할 것이다.

이 논문은 〈카비어 서문〉에서 언급한 여러 가지 주장과 함께 언어학에서 가장 집중적으로 수용된 훔볼트의 사상이 담겨져 있다. 훔볼트는 이 논문을 통하여 역사비교 언어학에서 제기한 다음 문제들을 주목하였다:

(1) 어휘뿐 아니라 문법에 대한 문제
(2) 언어 분류 문제
(3) 언어 생성 문제
(4) (슐레겔이 제기한) 비교문법의 문제

프리드리히 슐레겔은 "비교문법은 비교를 통해 언어를 해부하여 보다 높은 자연 역사의 저 너머에 빛을 비추었던 것과 유사하게 언어들의 생성론에 대한 새로운 결론을 우리에게 제공한다"(F. Schlegel 1808:28)라고 언급하였다. 이러한 언급과 관련되어 훔볼트는 슐레겔 계획에 깊숙히 참여하고 있었다. 그러나 훔볼트는 슐레겔 생각에 대해서 완전히 동조한 것은 아니었다. 훔볼트는 슐레겔의 생각을 넘어서 낭만주의자들과 동일하게 문법적인 것보다는, 내적 구조가 인간 언어들의 상이성과 동일성의 판단을 위해 중요하다고 생각했다. 그래서 훔볼트는 언어들의 순수한 고유성은 결국 '구조'가 아니라 언어의 '특성'에 있다고 보았다. 이러한 점에서 훔볼트의 사상은 동시대인들의 연구와 달랐다.

훔볼트에 있어서 비교는 해부학적인 비교가 아니고, 생물학적 비교이다. 그래서 우리는 인간정신과 언어의 관계를 살피어 볼 때, 자연과 어떤 유추도 갖지 않는 영역이 있음을 우리는 알 수 있는데, 언어가 그것이고 훔볼트는 이와 유사하게 인간의 목적 지향적 생산물과 같은 역사의 영역에 언어가 있음을 강조했다. 훔볼트의 논문 "역사서술가의 과제에 대하여"(*Ueber die Aufgabe des Geschichtschreibers*, 1821)에서와 같이 이런 견해는 언어학이 생물학적 학문이 아니라 목적론적 학문으로 파악되고 있음을 알 수 있다. 그와 반대로 역사비교언어학의 대부인 슐레겔은 언어는 자연대상이고, 언어들의 상이성은 자연적으로 주어진 상이성으로 파악하였고, 그리고 언어의 역사는 자연역사로 파악하였다. 이들의 이러한 자연적인 언어관은 낭만주의적 특징인데, 헤겔과 유사한 생각을 가진 훔볼트에게 이런 사상은 매우 낯설게 느껴졌을 것이다.

언어의 '생성'이란 기능적인 "-로부터 분출"로의 이해이지, 시간적인 "-으로 시작되다"로의 이해가 아니다. 그래서 문법 형식들의 '생성'은 모든 언어에 나타나는 각각 주어진 상황에서 처리 방법의 이상적인 시도이다. 다시 말해서 이는 낮은 형식에서 보다 높은 형식으로의 인간 정신의 이상적 상승과 발전의 측면에서 볼 때 어떤 특정한 과정을 예고하는 자연 법칙이 아니다. 여기에는 단지 인간 정신과 언어의 본성을 인도해 내는 '관념'만이 있다. 그러므로 언어의 관념은 개별성과 상이성 안에서 세계사적으로 표명되는 일종의 인간들의 사회적인 노력이다.

결국, 훔볼트는 문법 형식이 인간의 관념 발달에 영향을 준다라고 전제하고 이를 증명하기 위하여 수많은 언어들의 문법 형식을 비교하였다.

3. 쌍수에 대하여

Ueber den Dualis (1827년 4월 26일 베를린 학술원에서 낭독)

인간의 보편적인 언어들이 여러 민족의 개별 언어 속에 어떻게 나타나는지에 대한 과제를 해결하기 위해, 비교언어 연구가 밟아야 할 여러 가지 길이 있는데 우리를 가장 바른 길로 인도하는 것은 당연히 지구상에 알려진 모든 언어가 가지고 있는 각 언어의 부분들을 고찰하는 것이다.[1] 이는 개별 낱말이나 낱말 부류를 나타내는 명칭을 조망하거나 문법 형식을 가진 언어 구조를 조망하는 것을 통해서 가능할 수 있다. 이 두 가지 방식은 지금껏 다양하게 시도되었다. 물론 사람들은 우연하게도 여러 언어들의 수사(數詞)들을 서로 비교하였지만, 그 작업을 완성하기 위한 결정적인 노력은 하지 않았다.

문법 형식이 — 이것이 나의 목적에 알맞은 대상이므로 이것을 계속 연구할 것이다 — 여러 언어들에서 어떻게 이루어지고, 강조되고, 생략되고, 변형되고, 어떻게 다른 것과 연관되어 나타나고, 그 문법 형식이 직접적으로 표현되거나 우회적으로 표현되는가 등을 조망해 본다면, 여러 언어의 상호 비교는 이러한 문법 형식의 개성과 개별적인 언어들의 소여성에 완전히 새로운 가치를 부여할 것이다. 그런 다음에는 여러 언어 안에 있는 그러한 형식이 취하는 특별한 특성이 보통 언어에 있는 여타 문법적 형식들이

1 훔볼트의 *Vergl. Sprachstudium* §11을 보시오.

지니고 있는 그런 특성들과 비교될 수 있게 되고, 그로 인해 이 보통 언어의 모든 문법적인 특성이 그들 개별 언어의 문법적 원리에 따라 판정될 수 있을 것이다. 그러나 형식 자체의 의도에서 볼 때, 형식에 의해서 실제로 만들어진 사용은 점차로 형식의 단순한 개념에서부터 유도될 수 있는 그런 것에 대조되는데, 정말로 존재하는 언어들의 법칙을 단순한 개념에 따라 규정하려 할 때 필연적으로 빠지게 되는 일방적인 체계 중독을 예방한다. 통일성을 다양성으로 이끌고, 각 상이성의 고찰과 판단에 대한 옳은 입장을 얻기 위해서 여기서 추천된 처리 방식은 가능한 한 완전한 사실들의 탐색을 요구하지만, 단순한 개념으로부터 나온 파생을 필히 연결해야 하기 때문에, 이 처리 방식은 철학적 방법 혹은 역사적 방법으로만 하는 단면적 방향 설정의 비교 언어 연구에 항상 위협을 주는 그런 위험을 예방할 수 있다. 이런 연구에 종사하면서 두 개의 방법 중 한 방법에 우선적으로 성향과 재능을 집중하고자 하는 자는 절대로 언어란 정신의 깊이에서부터 출현하고, 사고의 법칙들로부터 출발하며, 인간조직의 전체로부터 나오고, 하지만 실제로 개별적인 개별성으로 드러나며, 개별적인 현상으로 나누어지고 또한 역으로 그 언어 자체에 영향을 준다는 사실과 그 언어가 정확한 방법을 통해서 수행되고 순수한 사고와 엄격한 역사적 연구의 통합적 적용을 요구한다는 것을 잊으면 안 된다.[2]

모든 언어에 나타난 문법형식을 서술하는 것이 중요한 두 번째 이유는 문화 상태와 언어 상태를 각 민족들이 상이하게 처리하는 것을 비교하는 데에 있다. 어떤 언어의 특수한 교육 정도가 어떤 문화의 상태를 전제하거

2 이 부분은 다시 훔볼트의 '비교언어 연구'의 의도를 철학적이고 역사 경험적 언어 연구 사이를 중재하는 언어학으로 확고하게 만들어 주었으며, 이로 인해 이런 역사 경험적 언어학과 소위 19세기 역사 비교언어학으로 자리 잡아 가는 패러다임 사이의 대립이 생기게 되었다. 19세기의 언어학은 점차적으로 단면적이면서 역사 경험적으로 발전되었을 뿐 아니라 역사적인 것도 아직은 통시적인 것에 제한되어 있었다.

나 만들어 내는지, 아메리카 언어들과 아프리카 언어들의 특수한 독자성이 그 말을 하는 민족 모두에게 공통적으로 결핍된 문명 상태에서부터만 나타나는지, 아니면 지금부터 비로소 규명될 수 있는 다른 원인들을 갖고 있는지에 대한 질문은 매우 중요하다. 비교언어 연구와 인류의 철학적 역사를 연결지어 보면 이 질문에 대한 대답이 나온다. 그리고 비교언어 연구는 인류에게 그들 자신의 너머에 있는 보다 높은 목표를 보여 준다. 언어 연구는 그 자체를 위해서만 연구되어야 하기 때문이다. 하지만 그렇기 때문에 이 언어연구는 학문적 연구를 하는 다른 개별적 분야와 달리 그 자체에다가 최종 목적을 갖는 것이 아니라, 다른 모든 것을 다 함께 모아 인간 정신의 모든 노력 중에서 가장 높고 보편적인 목적을, 즉 인류가 자기 자신에 대해 명백하게 하고, 자기 주변에 있는 모든 가시적인 것과 비가시적인 것에 대한 그들의 관계를 명백하게 하는 목적을 지닌다.[3]

완벽하고 정확한 언어 연구를 통한다 해도 위에서 언급된 질문들이 결국 완전하게 대답될 수 있을 것이라고 나는 믿지 않는다. 시간이 여러 가지 언어들로부터는 물론 여러 민족들의 여러 가지 상태들로부터, 그리고 우리의 인식으로부터 많은 것을 탈취해 가 버렸다. 그리고 남아 있는 단편들은 어떤 결정적인 단서도 주지 않는다. 내가 경험으로부터 배운 여러 가지 사실에 의하면 그러한 질문들을 향한 끊임없는 주목은 나름대로 매우 가치 있는 계몽을 보장하고 있으며 모든 경우에서의 오류들을 대비하고 선입견을 타파한다는 것이다.

[슈미텐너 씨는 다음과 같이 말한다(*Ursprachlehre* S.20): 아프리카와 아메리

---

3 훔볼트가 대학을 구상할 때 대학 기구들의 형식까지 특징짓고 있는 '인간 정신의 전반적인 노력의 지고하고도 보편적인 목적'으로부터 나온 모든 학문(자연과학까지도)의 자율성이라는 적법성은 — 료타르(1979)의 진단에 따르면 — 오늘날 포스트 모던적 상황으로 인해 그 신빙성을 상실해 버렸다. 인류의 마지막 목표에 대한 훔볼트식의 방향 설정은 문화적인 (그리고 다른) 무관심주의에 대해서 그리고 "어떤 것도 된다"는 상대주의에 대해서 대안이 되며, 문화적인 오만과 편협에 대한 일종의 교정 수단이다.

카의 언어들은 그 언어에 해당하는 민족들이 자연적인 삶의 무지에서 이성의 빛으로, 그리고 야만의 무질서에서 교양의 단위로 진화가 덜 될수록 그 언어들은 더욱 불완전하고 서로 상이하다는 것에 대해 자세한 언급은 가치를 둘 필요 없이 우리는 계속 진행할 것이다. 많은 사람들이 그런 부정적이며 처음부터 연구를 차단하는 언사에 왜 동의하려 하는지 나는 모르겠다. 나는 완전히 반대된 의견을 지지하지 않을 수 없다. 여기서 나는 여러 아프리카 언어와 아메리카 언어의 웃기는 구조에 주목하지 않을 것이다. 모든 언어 연구자들은 그러한 연구를 더 좋아할 것이다. 피상적으로라도 그러한 일에 종사하는 사람은 분명히 그들의 인식이 언어 연구를 위해 매우 중요하다는 것을 당연히 인정할 것이다. 단지 아메리카적인 그런 민족성의 문화 상태는, 사고의 표현과 관련지어 볼 때, 그런 위치에서 그것이 언급되는 것과 같이 그렇게 통용되지 않는다. 북아메리카 민족 집회에 대한 보고와 그들 추장들이 전해 준 몇 가지 언급은 그들 민족에 대해서 완전히 다른 개념을 전해 준다. 그런 것을 언급하는 많은 장소들은 정말로 감동적인 웅변에서 나왔다. 그리고 이 부족들은 역시 미국의 원주민들과 깊은 관련이 있다. 그래서 그들 표현들 안에 내재해 있는 순수하고 원초적인 고유성의 특징은 당연히 혼동될 수 없다. 그들은 당연히 그들이 숲과 산맥에서 자유롭게 사는 것을 농사 노동으로 인한 집이나 마을에 제한되는 것과 바꾸는 것을 거역하지 않는다. 그들은 단지 그들의 유랑하는 삶 안에서 진리를 사랑하며, 종종 위대하고 고결하며 간단한 신조를 지니고 있다. 모어스Morse의 *report to the Secretary of war of the united states on Indian Affairs*, p. 71, App. p. 5, 21, 53, 121, 141, 242를 보라. 이러한 명확성, 강인함, 생생함을 그들 표현에 제공하는 것을 이해하는 인간의 언어들이란 언어 연구가에게 매우 가치 있는 것이다. 길이즈Gilij의 *saggio di storia Americana*(미국에 대한 역사 정보) 안에 여기저기 들어 있는 그들의 전설과 설화들은 몇몇 남 아메리카 부족에 관한 많은 증거들을 제공해 준다. 그러나 분명 사실은 아니지만 오늘날의 모든 아메리카 원주민들이 절대적인 원시와 둔탁한 자연적 삶의 상태에 있다고 비하된다 할지라도, 절대로 그것이 항상 그랬었을 것이라고 주장될 수 없을 것이다. 멕시코와 페루 제국의 부강한 상태는 우리에게 이미 잘 알려져 있고, 사람들이 우연히 발견한 무이스카스와 파노스에 대한 고대 문명의 흔적은 많은 아메리카에 있는 민족이 높은 수준의 교육을 받았음을 보여 준다.(알렉산더 폰 훔볼트A. v. Humboldt, *Monumens des peuples de l'Amérique*(아메리카의 인종에 대한 도록), p.20, 72-74, 128,

244, 246, 248, 265, 297) 우리에게 알려진 아메리카 언어가 오늘날 알려진 원시성이나 그러한 문화의 특징을 지니는지를 연구하는 노력은 가치가 없는 것일까?]

그러나 여기서는 민족들의 가족 상태와 사회 상태로부터가 아니라 주로 운명의 측면에서 그들 언어가 언어의 구성으로부터 이러한 것을 조사할 수 있을 만큼을 경험했는지 아니면 역사적으로 알려져 있는 것을 경험했는지만을 알아볼 수 있다. 그래서 예를 들어 지금은 거의 단순한 민족 방언이 되어 버린 라트비아 언어의 완전하고 섬세한 문법적 형성은 이것을 말하는 민족의 문화 상태와 전혀 관계가 없고 단지 원래 옛날에 교양이 높은 언어의 잔유물에 대한 충실한 보존하고만 관계된다.

결국은 어느 정도의 문법적 구성의 유사성이 언어들의 친족성에 대한 열쇠인가라는 질문에 대한 완전한 답변에 도달하기 위해서는 수많은 언어 안에 있는 동일한 문법적 구성의 고찰보다 더 좋은 수단은 없는 것 같다. 언어연구는 어떤 다른 목적으로 다양하게 사용되지 않아서 매우 많은 사람들이 언어 연구의 용도를 아직도 단지 언어 친족성에만 제한하는 경향이 있고[4] 지금까지 아직은 언어들의 친족성과 그런 친족성의 정도를 판단할 아주 적합하고 확고한 기본 원리가 없는 것이 일반적 현상이다. 나의 확신에 따르면 지금까지 일반적으로 답습한 방법은 비록 상당한 신중함을 요구하기는 하지만 상이한 언어들의 구분은 물론 거의 유사한 언어들도 인식할 수 있다. 이 두 개의 가장 극단적인 것 사이의 중간에는, 즉 그 과제의 해답이 가장 필요한 곳에는, 그런 기본 원리의 응용을 신뢰하는 것이 아직은 불가능할 정도로 이 기본 원리는 나에게는 불확실해 보인다. 언어학은 물론 역사를 위해서도 이런 기본 원리의 확정보다 더 중

4 이러한 언어학적인 질문의 단면성은 19세기 당시에는 매우 일반적이었다고 한다. 당시에 사람들은 — 계속 다음에 소개될 그림, 봅, 빌헬름 슐레겔의 연구의 성공을 통해서 — 언어학과 그런 언어학적 질문을 동일시했다. 훔볼트에게 있어서 이것은 비교언어 연구의 전체로부터 야기되는 것처럼 언어들의 '구조'와 관련 있는 가능한 질문 중 하나일 뿐이었다.

요한 것은 없을 것이다. 그러나 이 확정은 많은 어려움이 있으며 여러 방향에서의 사전 작업이 요구된다. 우선은 매우 많은 언어들이 분류되어져야 하며, 몇몇 언어는 지금까지 행했던 것보다 더 정확히 분류되어져야 한다. 단지 두 개의 낱말이라도 성공적으로 문법적인 비교를 하기 위해서는 우선 그 낱말이 속하는 언어에서 각각을 자체적으로 비교하기 위한 정확한 사전 준비가 필수적이다. 지금까지 자주 있었던 경우처럼 언어 자체의 음성법칙과 그것의 유추를 찾지 않고 소리의 일반적 유사성만을 사람들이 쫓아간다면 어쩔 수 없이 두 개의 위험을 범하게 되는데, 상이한 낱말을 하나의 낱말로, 동일한 낱말을 상이한 낱말로 설명하는 것이 첫 번째 위험이고, 비교된 낱말들이 그것의 기본형에서 수용되지 않고 그것에 있는 문법적 첨가와 굴절들이 강조되는 투박하지만 자주 나타나는 경우를 생각하지 않는 것이 두 번째 위험이다.(정확하고 완전한 분해에 근거한 많은 수의 의성의태어적인 낱말 비교는 최근의 봅Bopp, 그림Grimm, 빌헬름 슐레겔Wilhelm Schlegel의 저술에 있다.) 여러 세기 동안에 언어들의 변화에 대한 연구는 어떠한 독자성들이 이 언어들 안에서 설명될 수 있는지를 인식하기 위해서 언어 비교를 해야 한다. 우선 순수하고 사용 가능한 자료를 제공하는 개별 언어들을 연구한 후에, 실제로 역사적으로 관계성이 증명되어진 그런 것들 간의 비교는 아직 알려지지 않은 것을 이러한 유추에 따라서 판단할 수 있기 위해서 그것의 친족성 정도의 정확한 단계 안에서 수행해야 한다. 그러나 결국에는 모든 알려진 언어에 있는 개별 문법 형식들에 대한 여기서 시도된 시도가 매우 유용할 것이다. 왜냐하면 이런 방법을 통해서 그런 개별적인 점에서 서로 유사한 언어들이 다른 언어들에서는 어떻게 서로에 대해 반대로 나타나는가, 그리고 각 형식들의 영향이 얼마나 자주 혹은 얼마나 드물게 전체 언어구성에 깊이 관여하는가가 조사될 수 있기 때문이다. 더 나가서 그 언어들에 관계하는 이러한 사전 작업 이외에도 민족들이 나뉘고, 섞이고, 연합하는 방식에 대한 (역사에서 만들어지는) 연구가 필수적인 것은 당연한 일이다.[이러한 방식의 역사적 연구들이 얼마나 우수하게 언어학을 밝힐 수 있는지는 주로 클라프로트Klaproth의 *Tableaux historiques de l'Asie*(아시아의 역사적 장면들)가 증명한다.] 이러한 다양한 연구들을 통해서만 실제로 언어 역사적으로 어떤 언어에서 다른 언어로 넘어간 것을 인식하기 위한 기본 원리를 밝힐 수 있다. 기본적이지 않고 투박한 모든 방식은 실제로 친족성에 속하는 것을 시간을 통해서 야기된 변형과 섞어 버릴 위험이 있거나, 상이한 장소와 상이한 시간대에 있는 서로 완전하게 분리된 언어들이 서로 무관한데도 단지 비슷한 이유에서 유사하게 생겨난 그러한 것과 섞어 버릴 위험이 있다. 여기서 언급된 것이 시사하는 바는 우리가 그런 연구를 할 때는 항상 문법적 연구가 기본 토대를 당연히 결정해야 한다는 것이다. 그렇게 할 경우에 우리는 이중적 유용함을 얻게 되는데, 첫 번째 직접적인 유용함은 문법적 연구가 비교하기 위한 낱말들을 준비하는 것이고, 두 번째 간접적인 유용함은 문법적 연구가 문법적 구조의 일치성이나 상이성을 조사하는 것이다. 단순한 낱말 비교를 통해서는 비교된 언어들이 실제로 하나의 기원에서 유래하는지, 아니면 단순히 낱말들을 서로 교환했는지가 전혀 명확하지 않다는 것이 두 번째 연구로부터 확실해진다. 그래서 사람들은 방언들의 특수한 친족성 정도에 대응하는 그런 특별한 민족의 구분과 연관에 대한 특정한 개념을 이런 방식을 통해서만 얻는다. 물론 우리는 모든 이러한 연구에서 역사적 맥락 관계로서만 상이성의 개념을 받아들여야 하고 낱말의 문자적 의미에는 너무 많은 무게를 두면 안 된다.[5] 이러한 낱말의 문자적 의미는 여기서 너무 광범위하게 논의될 수 있기 때문에 많은 오류를 범할 수 있다.[이미 이에 대해 클로프로트는(*Asia Polyglotta*(다언어의 아시아) S. 43) 매우 정확한 견해를 밝혔다.]

5 홈볼트는 친족성 개념을 생물학적으로, 즉 인종학적으로 이해하는 것을 경고한 바 있다.

이로써 사람들이 어떤 일반적인 것을 확정할 수 있기 전에 아주 오랫동안 개별적 연구들에 한정해야만 할 정도로 많은 다른 문제들이 나타난다. 그러나 지금도 특정한 상황에서만, 즉 일단은 언어 연구가 당연히 가지고 있는 그리고 이념으로부터만 창조될 수 있는 그러한 분야들에서만 보편적인 것이 필요하고, 개별 연구의 현재 상태에 따라서 학문 전체의 구성에서 사람들이 얼마나 많이 발전했는가를 개관할 필요가 있다. 개념들로부터 도출된 것을 학문에 속하지 않는 영역으로 이끌어 가기, 불완전한 관찰로부터 일반적인 결론을 추출해 내기, 이 두 가지 일만은 절대 허용되면 안 된다.

개별적인 문법 형식들을 완전하게 서술할 때 여기서 서술된 여러 가지 유용함이 보장될 수 있다면, 이것들은 당연히 이러한 여러 가지 관점에 따라서 발전되어야 한다. 그래서 나는 이러한 — 나의 연구 대상이 아닐 수도 있을 — 선행적 고찰들을 허용해야 한다고 믿었다.

내가 바로 쌍수를 선택한 것에 대한 정당성을 찾자면 쌍수가 모든 문법 형식 중에서 아마 모든 여타 문법 구조로부터 가장 명확하게 문법 구조 안에 자리 잡은 것으로 분류될 수 있기 때문이다. 이러한 사실과 쌍수가 많은 언어에 존재하지 않는다는 사실은 여기서 시도된 방법에서 쌍수를 다루는 것을 보다 쉽게 해 준다. 왜냐하면 내 생각에 의하면 비록 몇 개의 문법 형식의 서술이 예외 없이 모든 언어에서 시도될 수 있다고 해도, 예를 들어 대명사와 동사 같은 몇몇 범주들은 가장 일반적인 개념에서조차 동사를 전체 문법 구조 안에서 발전시킴으로 인해 이것들을 서술하는 것은 어느 정도는 전체 문법 자체를 서술하는 것이기 때문이다. 이로 인해서 어려움은 당연히 배가된다.

그러나 쌍수를 선정한 이유는 또한 다음에 있다. 이러한 재미있는 언어 형식의 존재는 문명이 덜 발달된 인간의 자연적 감정뿐 아니라, 높은 교육을 받은 사람들의 섬세한 언어감각을 통해서도 설명될 수 있기 때문이다. 실제로 이런 쌍수는 한편으로는 그린랜드인, 뉴질랜드인 등과 같은 문명이 덜 발달된 민족에 존재하며, 다른 한편으로는 그리스어에도 존재한다. 가장 세심하게 작업된 방언에, 즉 아테네어에도 이 쌍수는 보존되어 있다.

만일 사람들이 이러한 문법 형식을 고려하여 더 많은 여러 언어들을 서로 비교한다면 이에 알맞게 문법적 범주 중 — 같은 것을 구분해 낼 걱정이 없는 — 가장 낮은 단계에 있는 형식을 선택해야 한다. 이런 식으로 하면 우리는 보다 작은 범위를 파악하여, 모든 개별적인 것을 효과적으로 연구할 수 있을 것이다. 그래서 나는 복수가 아니라, 쌍수를 선택했다. 하지만 쌍수와 긴밀한 관계에 있는 복수를 항상 고려해야 한다. 그렇지만 복수는 언제나 독자적으로 실현되어 나타날 것이다.

제1장[6]
쌍수의 일반적 특성에 관해서

쌍수가 지구상에 있는 여러 언어 지역 중에서 어떤 지역에 주로 분포되어 있는지 공간적 규모를 먼저 언급하는 것이 목적에 맞을 것이라고 생각한다.(쌍수를 가지고 있는 언어들을 여기서 다 매거하는 것이 완전하지 않을 수 있는데, 이것은 연구하고자 하는 대상의 성질 때문이다. 그럼에도 이것을 자세히 연구하여 보완될 수 있는 것으로서 전달되어질 필요가 있다.)

지리란 여러 가지 대상들을 적용할 경우에 그때마다 상이하게 나누어야 한다. 그리고 언어학 입장에서 볼 때 아시아, 유럽 그리고 북아프리카는 서로 분리되어질 수 없다.

고대 세계의 이러한 부분을 종합해 보면, 주로 세 개의 지점에서부터 쌍수를 찾을 수 있는데, 세 개의 지점 중 두 개 지점으로부터 쌍수는 여러 방향으로 멀리 확대되어 나갔다:

1) 셈 언어가 있는 지역에서.
2) 인도에서.
3) 말라카 반도, 필리핀 그리고 남지나해의 섬에 있는 지금까지 같은 것으로 간주되고 있는 언어군 안에서.

셈 언어 안에서 쌍수는 아랍어에서 주로 나타나고 아람어에서는 쌍수의 흔적이 가장 적게 남아 있다. 쌍수는 아랍어와 함께 북아프리카로 넘어갔

6 훔볼트에 의해 계획된 다음 장은 씌어지지 않았다. 필사본 안에 단지 제2장의 상위 제목만이 있다: "쌍수가 주로 대명사 형식으로서 나타나는 언어들에 대하여".

고 유럽에서는 유일하게 말타 섬으로 넘어왔지만 이것으로부터 추출된 낱말들과 함께 터키어로는 들어가지 않았다.[die beiden alten und heiligen Städten (Jerusalen und Mekka)(두 개의 오래된 성스런 도시(예루살렘과 메카))를 부를 때 단 한 번 만들어진 공식들이 이것에 대한 예외이다. 이에 대해서는 아메데 조베르P. Amédée Jaubert의 Elémens de la grammaire Turke(터키문법) p.19 §46을 참조하시오.]

산스크리트어는 쌍수를 팔리어(Pali, 인도 아리아 어군에 속하는 프라크리트어Prakrit의 방언 형태)에게 매우 미미하게 전해 주었고 프라크리트어 Prakrit에게는 거의 전해 주지 않았다. 그러나 유럽은 이 쌍수를 산스크리트어로부터, 혹은 이것과 유사한 근원으로부터 그리스어, 게르만어, 슬라브어, 리타우어 등에 전수받아 보존하고 있으며 나중에 보다 자세히 언급하겠지만 시간과 방언들에 따라서 상이한 방식으로 확대 및 보존하였다.

그 밖에 쌍수는 유럽 언어들에서는 랍랜드(Lapplaend, 북유럽 지방 핀란드에 사는 유목민족 거주 지역 — 역자 주)어에서만 발견된다. 그러나 이상하게도 헝가리어는 물론 친족어인 핀란드어와 에스토니아어에 쌍수에 관한 어떤 흔적도 감지되지 않고 있다. 즉 유럽에서 쌍수는 주로 고대 인도어에서부터 유래한다.

웨일즈어, 저지-브르타뉴(프랑스 서부 반도)어 그리고 킴르어(웰레스켈트어, 켈트어군에 속하는데 웨일즈 지방에서 75만 명 정도가 사용한다 — 역자 주)에서 쌍수가 언급된다.[(오웬W. Owen의 *dictionary of the Welsh language*. Vol I, p. 36, Gramm. *Celto Bretonne par Legonidec*(레고니데크의 켈트브리튼 문법). p. 42. 오웬은 '2'라는 수가 앞에 있음만을 강조하였고 쌍수 형태를 위해서 결정적인 두 개의 다른 상황들은 언급하지 않았다. 그러나 이것은 그가 부정확하게 고찰한 것에 문제가 있는 것이지 언어에 문제가 있는 것은 아니다.] 그러나 쌍수는 사람들이 두 개로 되어 있는 신체 부분의 명명 앞에 '2'라는 수 — 저지 브레톤어 BasBretonsch에서 여성이 쌍수로 연결될 경우 끝음절을 상실한다 — 를 놓는 데서만 생긴다. 이 낱말이 다른 개념(예를 들어 Tischfuss 책상다리)으로 이전되는 것처럼 그렇게, 그 낱말이 단수로 그대로 남아 있고, 그리고 복수가 등장하는 일이 규칙적이고 지속적으로 일어날 경우, 이런 곳에서는 당연히 쌍수의 느낌이 있다. 그리고 그런 현상은 여기서 주목할 만한 가치가 있다. 그러나 이런 현상으로 인해 킴리쉬어Kymrisch가 실제로 쌍수를 갖는 언어들 속에 산입될 수는 없다. 아직 완료되지는 않았지만 비교적 최근의 연구들은 이 언어와 게일어(Gaelisch, 인구어군에 속하는 아일랜드에서 사용되는 언어)도 문법적 구성면에서 산스크리트어와 관계 있음을 개연적으로 보여준다.[7]

이런 일들은 유럽에서처럼 유사하게 아프리카에서도 존재한다. 그리고 아랍어에서만 쌍수가 인식된다. 콥트어는 쌍수를 갖고 있지 않다. 예를 들어 분트어Bundisch와 같은 아프리카 몇몇 언어들이 문법 형태를 그렇게 다양하게 갖기는 하지만, 수많은 아프리카 언어 중 어떤 언어도 쌍수를 거의 가지지 않는다.

고대의 세계에서 아시아는 쌍수가 나온 원초적 장소이다.

산스크리트어와 같은 기원으로부터 나온 아시아 언어들에는 쌍수가 등장하지 않는다. 여기서는 말라바르어(Malabarisch, 인도 말라바르 지방에서 사용되는 언어)만 예외라고 한다.(아델룽의 *Mithridates* I. 211.) 산스크리트어와 팔리어 자체를 빼고 세련되고 완성된 산스크리트어 문법의 구조가 전체적으로 유럽으로 이주했고, 산스크리트어와 관련 있는 그 밖의 아시아 언어들은 하지만 쌍수에 대한 것을 매우 적게 보존하고 있다는 사실은 흥미로운 현상이다. 여기에 나온 유럽 언어들이 산스크리트어 자체와 유사한 기원을 가진다는 예리하고 올바른 가정을 통해서 이런 일은 설명된다.(*Annals of Oriental literaure. p. I .u .f.*와 학문비평을 위한 연보에 있는 그림Grimm의 문법의

7 켈트어가 인도게르만어라는 훔볼트의 추정을 인도게르만어학이 완전히 증명했다.

서평에 있는 봅F.Bopp의 *analitycal comparison of the Sanscrit cet. languages*. 1827. S. 251. u. f.) 왜냐하면 산스크리트어로부터 파생된, 즉 대부분 다른 언어들과 혼합을 통해서 생긴 그런 아시아 언어들이 그들의 기원을 가지고 있고, 문법적 형식의 몰락 같은 그러한 전이 과정과 변혁에서 일반적인 운명을 공유했기 때문이다. 유럽에서도 보다 풍부한 문법적 구조는 주로 사라진 언어에서 발견된다. 그러한 아시아 언어들은 사라진 언어와 비교될 수 있는 것이 아니라, 오히려 우리의 오늘날 언어와 비교되어야 한다. 그래서 본질적 언어 특성의 귀중한 보존은 오히려 유럽 쪽이 우세하다고 볼 수 있다. 그리고 유럽의 리타우어와 라트비아어에서처럼 그렇게 생생하고 순수하게 모든 종족의 입에 초기 인도어로부터 그렇게 많은 언어 구조가 보존된 증거는 아시아 언어에는 전혀 없다. 그와 반대로 사람들이 가장 예술적이고 가장 어렵고 그러나 일반 언어 목적을 위해 가장 필수적인 부분을 명명할 때 필요로 한 그런 산스크리트어 문법의 부분은 문자 변화를, 즉 음(音)이 다른 언어와 접촉될 때 생기는 것과 유사하게 거의 모든 것이 바뀌는 그런 음의 민감한 자극성을 유럽적 산스크리트어에서, 또한 초기 언어들에서도 점차로 덜 다루었던 것처럼 보이는 것은 매우 주목할 만한 일이다. 이는 쌍수가 많은 아시아 산스크리트어로 넘어갔거나 모든 이러한 민족의 원래 음의 체계에 — 우리가 이렇게 말해도 되는지 모르지만 — 근원적으로 있는 것이라서 모든 언어의 변천에도 무관하게 거의 한 번도 이 쌍수가 사라지지 않았기 때문이다.

젠드(Zend, Avesta 경전의 텍스트 서술어)어에서 쌍수는 낯설지 않다. 그러나 이 언어도 당연히 산스크리트어에 속하기 때문에(이것은 봅Bopp의 의견처럼 보인다. Annals cet. p. 2.) 아시아의 경우 앞에서 언급된 쌍수의 삼중적 분포에는 변함이 없다.[쌍수를 아르메니아어에 산입시키려는 쓸데없는 시도에 대해서는 씨르비에Cirbied의 *grammaire de la langue Arménienne*(아르메니어의 문법) 37

쪽을 보면 된다.]

여기서 잠시 주목할 것은 말레이 언어 영역을 제외하면 아시아, 아프리카 그리고 유럽에서 쌍수는 주로 죽은 언어에서만 발견되고 있으며, 유럽에서는 말테스-아랍어, 리투아니아어, 랍랜드어, 그리고 몇몇 민족 방언에, 폴란드 제국의 몇몇 지역에 있는 농촌 주민에(프하르스카 교수가 언급한 확신에 따른 것이다. 그의 학문적 업적으로 인해 폴란드 정부는 아주 드물지만 모국의 언어와 언어 연구를 위한 순수한 열정의 모형을 가지게 되었다), 노르웨이에 있는 패뢰어 섬에, 독일과 스웨덴의 몇몇 지역에 살아 있으며, 아프리카에서는 신-아랍어에서, 언급된 아시아 지역에서는 해당 언어와 말레이 언어에서 복수로만 사용된다.(그림Grimm의 *Grammatik* 1, p. 814. nr. 35.)

고대 세계의 언어들은 단지 문학작품으로만 남아 있기 때문에, 우리는 그러한 문서 언어로만 남아 있는 언어를 위한 쌍수는 (아랍어는 제외하고) 사라진 것으로 간주할 수 있다.

아시아의 (쌍수가 생겨난 세 번째 지점) 동쪽에서 쌍수는 희미한 흔적으로 말레이 언어에 남아 있으며, 필리핀 제도에 있는 타갈어와 이 언어와 친족인 팜팡어에서 좀 더 발전되어 나타나고 있으며, 내가 아는 한은 이외에 뉴질랜드나 가까이에 있는 섬들에서는 어디에도 눈에 띄는 흔적이 없다. 그 밖의 남해 섬의 방언들은 아직은 문법적으로 이런 언어들과 유사한지 아닌지에 대해 알려지지 않았다. 하지만 이 언어들이 이런 점에서 모두 다 서로 일치한다는 것은 매우 개연적이다. 말레이시아 언어부터 타히트 언어까지의 이 모든 언어들이 어떻게 관련이 있는지는 다른 장소에서 자세하게 연구할 것이다.[8] 여기서는 그들 언어들이 단지 쌍수를 유사하게 처리하는 이유로 인해 나는 이들을 동등하게 취급한다. 뉴 홀랜드와 남부 뉴 웨일즈의 원주민들의 언어들은 말레이 언어들과는 완전히 다르게 보인다. 그

8 이것이《카비어 작품》의 주제이다. '남해의 섬들' 참조.

러나 마케리 해의 주변에 사는 사람들의 언어는 쌍수를 (시드니에 사는 선교사 트렐켈드L. E. Threlkeld는 이 방언에 대해 다음 제목으로 문법 형식에 따라 정리된 — 뉴 남부 웨일즈에서 인쇄된 —《대화》를 출간하였다: *Specimens of a dialect of the Aborigines of New South-Wales being the first atempt to form their speech into a written language.* '쌍수'는 8쪽에 있다) 가지고 있다. 그래서 오스트레일리아 방언도 쌍수가 있을 것이라는 것은 개연적이다.

아메리카 언어에는 이러한 다수 형식이 매우 드물게 나타나지만 수많은 곳에, 즉 넓은 지역 전체를 관통하고 있다; 즉 그린랜드 언어가 있는 최북단에; 베라크루즈가 있는 뉴 스페인 지역의 토토나크 언어(Totonakisch, 멕시코 동부 원주민 언어)에는 제한적인 형식으로 나타나고; 더 나가서 뉴 안달루시아 지방의 대부분 민족들에게 공통적인 차이마스Chaymas 언어에 나타나고, 오레노코 오른쪽 강변에, 엔카마라다 지역의 남서쪽에, 타마나크 언어(Tamanak, 콜롬비아 부근에서 사용되는 언어)에 나타나며, 페루제국의 당시 일반적인 언어인 퀴추어(Qquichuisch, 볼리비아 키차 지방에서 사용되는 언어)에 약한 흔적으로 남아 있고; 끝으로 칠레에 있는 아라우칸 언어에 잘 발달되어 있다. 게오르기아의 남서쪽과 경계에 있는 지역의 체로키어는 그들 언어에 쌍수를 소유하고 있다고 한다.(이것은 단지 뒤 퐁소Du Ponceau가 엘리어트의 *Grammar of the Massachsetts Indian language* p. XX의 신판에서 언급하고 있는 허접한 정보에 기인한다. 그 책에서마저도 저자 스스로는 이런 사실을 명확하게 언급하지 않고 있다.)

이러한 간단한 언급을 통해서 쌍수를 받아들인 기간 언어들의 수는 매우 작지만, 그와 반대로 비교적 옛날에는 그러한 쌍수가 넓게 적용되었다는 사실을 우리는 알게 된다. 이는 바로 쌍수가 매우 넓게 퍼진 언어 뿌리들에, 즉 산스크리트어나 셈 언어에 속하기 때문이다. 그러나 나는 여기서 다시 한 번 더 방금 언급했던 열거들이 완전한 것이 아님을 고백할 수밖에 없다. 비교언어 연구에서 필요로 하는 완전성에 대한 모든 요구와는 반대로 지구상의 모든 언어들이 우리에게 다 알려진 것은 아닌데 이러한 사실을 언급하지 않더라도, 보편적으로 알려진 많은 언어로부터 나온 어떤 문법적인 보조 수단도 아직은 존재하지 않고 있다. 이것들은 다른 것으로부터 그렇게 정확히 유래하지 않으므로 주로 쌍수와 같은 보다 드물게 나타나는 형식이 무의식적으로 그런 것으로 간주될 수 있을 것을 기대할 수 있을 것이다. 결국 이는 매우 어려운 일이다. 그리고 어떤 언어 속에 더 이상 생생하게 보존되어 있지 않은 형식의 흔적을 그 안에서 발견하는 것은 자주 그 언어에 대한 아주 깊은 인식을 전제로 한다. 그래서 현재의 방식과 같은 연구들은 언제나 성장될 수 있어야 하고 성장되어야 한다. 나는 앞에서 부정적 주장들에서는 언제나 방해하는 삽입문들을 피하기 위해서만 보다 확실하게 표현했다. 다른 한편 적어도 주어진 상황에서 가능한 완전성과 정확성에 도달하기 위해 나는 어떤 것도 물론 소홀히 하지 않을 것이다. 여기서 유럽 이외의 언어에 대해서도 수많은 의미 있는 보조 수단을 사용할 수 있는 것을 나는 매우 다행으로 생각한다.《미트리다테스》[9]와 최근에 나온 발비의《아트라스》[10]보다 더 보편적인 작품들의 이용은 필요한 경우에만 고려할 것이다. 또한 원전으로 거슬러 올라가지 않고 개별언어들의 문법적인 구성을 판단할 때, 해당 문헌의 가치가 너무나 다른 관점에 있고, 그리고 모든 정확한 언어 연구가는 비교언어 연구를 위해서《미트리다테스》를 불가피하게 고려하는 그런 문헌을 의존하지는 않을 것이다.

여기에 매거된 언어들이 쌍수를 다루는 여러 가지 방식을 조사해 보면 이들은 다음과 같이 세 부류로 나뉠 수 있다:

9 아델룽/파터, *Mithridates*, Berlin 1806-17.

10 아드리안 발비, *Atlas ethnographique du globe ou classification des peuples anciens et modernes d'après leurs langues*(언어에 따른 고대 민족과 근대 민족의 분류와 인종학적 세계지도), Paris, 1826.

이 언어 중 몇 개의 언어는 대화하는 사람과 대화 상대자로부터, 즉 '나'(ICH)와 '너'(DU)로부터 쌍수의 견해를 취한다. 이 언어에서 쌍수는 대명사에 붙어 있고, 그 대명사의 영향을 받는 언어에만 영향을 주었다. 물론 그것은 다수를 나타내는 일인칭의 대명사에만, 즉 '우리'(wir)의 개념에만 종종 제한된다.

다른 언어들은 자연에서 쌍으로 나타나는 대상들, 즉 눈, 귀, 모든 신체의 이중적 부위들, 두 개의 커다란 별을 나타낼 때 이러한 언어 형식을 사용한다. 이 언어들에서 쌍수는 이러한 개념들을 넘어가지 않거나 적어도 명사를 넘어가지 않고 있다.

끝으로 그 외의 민족들에게서 쌍수는 전체 언어를 관통한다. 그리고 쌍수가 적용될 수 있는 모든 품사들에 나타난다. 그래서 이런 언어들에서는 어떤 특별한 범주가 있는 것이 아니고 이원성의 일반적인 개념만이 존재하는데 이것으로부터 쌍수는 출발한다.

언어들은 일반적으로 이러한 파악 방식 중 하나 이상의 흔적을 지니기도 하고 동시에 많은 것들의 흔적을 지닐 수도 있다. 원래 세 번째 부류에 속하는 언어군에서도 몇몇 언어들은 두 개의 처음 부류처럼 전반적으로 쌍수를 지니기도 하지만 시간이 흐름에 따라 제한적으로 쌍수를 지닌다는 것을 주목하는 것이 보다 중요하다. 그러나 그들은 이런 경우에 내가 여기서 하려는 것처럼 쉽게 세 번째 부류에 산입된다. 그래서 위에 언급된 독일 민족 방언에서 쌍수는 대명사 중에서 두 개의 인칭에만 나타난다. 그리고 시리아어에서는 '둘'이라는 수 자체 이외에는 언제나 상, 하부 이집트어로 생각하곤 했던 이집트어의 명사에만 쌍수가 나타난다.[파터Vater가 쓴 *Handbuch der Hebraeischen*(히브리어의 교본), *Grammatik* 121쪽 참조. 히브리어에서도 이집트의 미즈라임(마조르mazor의 게세니우스 사전)이라는 이름은 쌍수이다. 그러나 상, 남부 이집트어가 고유명사인 파트로스(게세니우스)를 사용하는 것을 보게 되면 우리는 이것을 순간적으로 상, 하부 이집트어로 잘못 지시하게 될 것이다. 게세니우스 씨도 미즈라임의 쌍수를 델타 지역에는 맞지 않는 나일강을 통한 이원 분류에서부터 도출한다. 보다 최근에 나온 소식통에 의하면 상, 하부 이집트어의 분류는 이름 형식으로부터 나온 것이라는 내 의견을 게세니우스 씨도 따르고 있다. 그리고 내가 히브리어 쌍수를 다루게 되면 그가 시간대마다 다르게 사용된 위에 나온 모든 명명들을 통일시키기보다 더 세밀하게 분류할 것이다.]

나에 의해 연구된 언어들은 방금 언급된 부류들로 하위 분류되어 분포하고 있다.

1) 쌍수가 명사에 자리 잡고 있는 첫 번째 부류에는 위에 언급된 동 아시아 언어, 필리핀 언어, 남부 섬지방의 언어와 차이미쉬어와 타마나키쉬어가 속한다.

2) 쌍수가 명사로부터 출발하는 두 번째 부류에는 토토나키쉬어만이 속하고, 쌍수가 이 언어에 배속될 수 있는 한은 퀴추어도 이 부류에 속한다.

3) 쌍수가 전체 언어에 퍼져 있는 세 번째 부류는 산스크리트어, 셈어, 그린랜드어, 아라우카니쉬어 그리고 완전하지는 않지만 랍랜드어가 여기에 속한다.

간단하게 요약된 이러한 개관을 통해 볼 때 알려진 언어들이 보여 주는 쌍수는 대강 개념과 규모에 따라 상이하게 — 이 쌍수의 상이성은 생각이 분절된 것으로 생각할 수도 있었을 것이다 — 나타나고 있음을 알았다. 하지만 개념으로부터 나온 언어에 대하여 쌍수를 강요하는 위험을 피하기 위해 주로 관찰의 방법을 통해서 나는 이러한 쌍수의 상이한 방식들을 찾으려 했다. 실제로 언어들이 인식되는 것과는 무관하게 이러한 언어 형식의 특성을 일반적인 생각으로부터 발전시키는 것은 당연히 필요한 일이다.

만일 사람들이 쌍수를 단지 '2'라는 숫자를 위해서 우연히 만들어진 제한적인 복수로 본다면 그것은 아마도 그렇게 어색하지는 않지만 완전히 잘못된 견해일 것이다. 이를 통해 어떤 다른 선호하는 숫자도 또한 그들만의 고유한 '다수' 형식을 가지고 있는가라는 질문이 당연하게 된다. 복수가 두 개의 대상과 관계될 때 이원성을 단지 작은 수로 취급하는 그런 제한된 복수가 언어들의 영역에 등장하는 것은 당연하다. 물론 이 경우에도 이것은 절대 순수한 쌍수와 혼동될 수 없다.

파라과이에 있는 어떤 민족 집단인 아비폰어(Abiponisch, 파라과이 지방어)에는 이중 복수가 존재하는데, 두 개의 대상 그리고 좀 더 보다 많은 대상, 그러나 언제나 소량의 대상을 위한 보다 좁은 복수가 있고, 많은 대상을 위한 보다 넓은 복수가 존재한다.[도브리츠호퍼Dobrizhoffer의 *historia de Abiponibus*(아비포니뷰스의 역사). T. 2. pp.166-168] 첫 번째 것이 우리가 복수라고 말하는 것에 해당하는 것처럼 보인다. 이것은 단수 어미의 위치에 나타나는 접미사를 통해 만들어지거나 이것의 어미 변화와 같은 변형을 통해서 생긴다. 우리는 입수된 일련의 예들을 통해서만 판단할 수 있지만 이들은 매우 다양하다. 다른 복수는 어미 'ripi'만을 이용하여 만들어진다. 이 안에 다수성의 개념이 놓여 있다는 사실은 이러한 개념이 대화에서 어떤 고유한 낱말을 통해 표시되면 바로 사람들은 어미 'ripi'를 버리고 명사를 보다 좁은 복수로 바꾸는 것을 통해서 확인된다. 그러나 나는 'ripi'만이 사용되었을 것이라고 생각하지 않는다. 이것은 단수에도 보다 좁은 복수에도 고정되어 있지 않고 낱말어미의 고유한 변화를 통해 특수하게 만들어짐으로써 어미가 되었다. 다음의 예를 통해 적어도 우리는 그 경우를 확인할 수 있다.

단수		좁은 복수	넓은 복수
choale	사람	choalèc 혹은 choaleèna	choaliripi
ahöpegak	말	ahöpega	ahöpegeripi

(도브리츠호퍼Dobrizhoffer는 'joale'와 'ahepagak'을 쓰지만 'j'로 이러한 문자의 스페인 소리를 표현하고 'e'로 변모음 'ö'를 표현하려 한다.)

아비폰어와 매우 유사한 차코 지방에 있는 모코비어는(에흐바스Abate Hervas에 의해 나에게 전해졌으며 테흐마이에Abate Don Raimondo de Termaier에 의해 저술된 필사본《모코비어의 문법》§.3.) 이러한 이중 복수를 가지고 있지 않고 'i'로 시작하는 모든 낱말의 복수는 'ipi'라는 낱말의 추가를 통해 만든다. 적어도 예에서 나타나는 것처럼 이것은 주요 낱말의 어미에 어떤 것을 변화시키는 것이 아니다: 'choale' 사람, 'choale-ipi' 사람들. 이 언어에서 'ipi'는 실제로 '많은'이라는 낱말이다. 그리고 아비폰어식으로 부가된 'r'가 문법을 만들어 내는 문자인지, 혹은 삭제가 모코비어 방언의 독자성인지는 아직 명확하지 않다.

명사에서 쌍수를 구별하지 않는 타이티 언어는 역시 이러한 넓은 복수와 좁은 복수를 인식하지 못하지만 명사 앞에 설치된 그리고 그것의 원래 의미에 의하면 아직 설명되지 않은 낱말을 통해서 쌍수를 나타내는데 사람들은 이를 문법적인 형식으로 명명할 수는 있을 것이다.(*A grammar of the Tahitian dialect of the Polynesian language.* Tahiti 1823, p.9,10.)

여러 가지 수에 대한 다수의 형식은 아랍어가 가장 명확하게 가지고 있다. 즉 '2'를 위한 쌍수, '3'에서 '9'를 위한 제한된 복수, 다수-복수 그리고 복수-복수 (이 형식 안에서 새로운 복수는 규칙적인 어형 변화를 통하여 몇몇 낱말의 복수에 의해 만들어진다) 그리고 '10'을 위한 복수, 그리고 다수 혹은 정해지지 않은 숫자를 위한 복수 등이 존재한다. 아랍어는 단수의 명칭을 위해서도, 즉 다수를 파악하는 동물이나 과일 종류에서와 같은 특성을 내포하는 명사에서 다른 언어의 단수가 알지 못하는 특별한 특징을 사용하며, 이러한 것으로부터 복수를 만들어 낸다.[자씨Silvestre de Sacy의 *Grammaire Arabe*(아랍어 문법) T. I. § 702, 704, 710. 이것과 오버라이트너Oberleitner도 (*fundamenta linguae Arabicae*(아랍언어의 기초), p.224.) 비교될 수 있다.] 종류 개념을 수사의 범주가 아닌 것으로 파악하고 단수와 복수의 어형 변화를 통해 그것으로부터 구분하는 이러한 견해는 명백히 철학적인 견해인데, 이러한 종류 개념들에 대해 다른 언어들은 또 다른 보조 수단을 가진다. 하지만 아비폰어와 같은 이러한 아랍어적 복수 형식은 쌍수와 혼동될 수 있으므로 이것의 자세한 고찰은 여기에서는 하지 않겠다.

숫자들의 나열에 있는 많은 숫자 중 하나인 단지 '2'라는 숫자의 개념에 제한하는 쌍수의 잘못 소개된 생각은 이원성Zweiheit의 개념에서 기인한 그런 것에 모순되고, 주로 이러한 개념을 떠올리게 하는 경우들의 범주로 쌍수를 생각하게 한다.

이 생각에 따르면 쌍수는 숫자 '2'의 집합적인 단수이다. 왜냐하면 복수는 원래적인 복수 개념에 따라서가 아니라, 상황에 따라서만 다수를 다시 단수로 환원시키기 때문이다. 그래서 쌍수는 동시에 다수Mehrheit 형식으로서 복수 특성을 나타내고 묶여진 전체의 명칭으로서 단수 특성을 나타낸다. 경험적으로 볼 때 쌍수가 실제 언어들에서 복수에 가까이 있다는 것은 이 두 개의 관계들 중 복수 특성이 민족들의 자연스런 의의를 더 많이 나타냄을 증명한다. 쌍수의 의미 있는 정신적 사용만이 언제나 집단적 단수의 단수 특성을 확정할 것이다. 비록 나중에 사용될 모든 생각이 쌍수에 대한 옳은 혹은 그른 생각을 서로 혼합하고, 쌍수를 또한 이원성Zweiheit으로서의 '2'의 표현으로 만들지라도 모든 언어에서 이 단수의 특성은 쌍수의 기본 원리로서 입증될 수 있다.

언어의 모든 문법적인 상이성은 내 견해에 의하면 삼중적이다. 그리고 이러한 삼중적 상이성에 의해 언어 구조를 고찰하지 않는다면 어떤 개개 언어 구조의 완전한 개념도 얻지 못할 것이다. 즉 언어는 문법적으로 다음과 같은 측면에서 상이하다:

a. 우선 언어들의 개념에 따른 문법적 형식의 파악에서.
b. 그리고 언어들의 명칭을 기술하는 수단의 방법에서.
c. 끝으로 실제로 명칭에 사용되는 음성에서.

이러한 세 가지 사항 중에 첫 번째 사항은 지금 다루고, 다른 나머지 두 가지 사항은 쌍수의 견지에서 개별 언어를 고찰할 때 비로소 언급하려고 한다.

이러한 관점 중 두 번째 사항과 세 번째 사항을 통해서, 특히 세 번째 사항을 통해서 언어는 비로소 문법적인 개별성을 획득하고, 이러한 점에서 많은 언어들 사이에 유사성이 있다는 것은 그들이 친족 사이라는 것의 가장 확실한 특징이다. 그러나 첫 번째 것(문법적 형식)은 언어들의 유기체성을 규정하는데, 사람들 각 자는 언어를 창조하고 변형하는 원리로 언어감각[11]을 생각하는데 이것의 가장 확실한 시금석으로서 이 문법적 형식이 매우 중요할 뿐 아니라, 이 문법적 형식은 민족의 사유 방식과 정신에 중심적으로 작용하는 측면에서도 중요하다.

우리가 완성된 몇 개의 비교언어연구를 생각해 볼 때 문법과 문법형식이 그런 언어들에서 어떻게 취해지는가의 여러 가지 방식(이것이 내가 개념

11 '언어감각*Sprachsinn*'은 보편적으로(이것을 모든 사람들은 다 갖고 있다)는 존재하지만, 상이성에 따라서 여러 가지 상태로(인간들은 이것을 정도에 따라서 다르게 갖고 있기도 하고 여러 가지 특징을 상이하게 가지고 있기도 한다)도 존재한다. '언어감각'이라는 말은 칸트의 '*sensus communis* 상식'과 아주 유사하게 만들어져 있기는 하지만(KdU: 156ff.를 참조) 이것을 의미하지는 않는다.

에 따라서 파악하고 있는 것이기 때문이다)은 여기서 말하고 있는 쌍수와 같은 개별적 문법 형식에서, 그리고 개별 언어에서 모든 언어와 관련지어 연구되어야 할 것이고, 결국 이러한 이중적인 작업은 규모면에서 볼 때 보편적인 것으로 생각된 인간 언어의 개요를 세우고, 인간 언어의 법칙과 가설의 필요성의 개요를, 그리고 인간 언어의 허용 가능성의 개요를 세우는 데 사용되어야만 할 것이다.

언어를 보는 가장 지배적인 견해는 언어를 단순한 의사소통 수단으로 고찰하는 견해이다. 이러한 견지에서 볼 때 쌍수는 거의 필요 없는 현상이다. 지금까지 쌍수가 어떻게 등장하는가에 대한 보다 나은 이해를 위해서는 실제로 그리스어에서 쌍수의 사용을 보여 주는 것이 좋을 것이다. 하지만 이 그리스어의 경우들은 단지 문체의 영역에서만 등장한다. 그리고 만일 언어를 형성하는 민족들이 상호적인 이해를 목적으로 한다면 — 다행히도 그 경우가 아닌데 — 독자적인 이원성 복수는 분명 불필요한 것으로 취급되었을 것이다. 당연히 많은 민족들은 그들 언어 안에 실제로 존재하는 복수 형식을 의도된 다수가 다른 상황으로부터, 예를 들어 부가된 수 [이러한 방식으로 아델룽은 사람들이 독어에서 몇몇 낱말을 단수에 있는 수와 연결할 때 그리고 '*sechs Loth, zehn Mann*' 등을 말할 때(*Wörterbuch v. Mann.* S. 349 u a.a.O.), 이 쌍수를 취하는 것 같다. 부분적으로 이것은 거의 옳다. 이러한 화법 중 몇몇은 일반적인 화법에서만 인정되었고, 고상한 화법에서는 인정되지 않았다. 사람들은 예를 들어서 'zehn Pfund'라고는 말하지만 'zehn Elle'라고는 말하지 않는 것으로 보아 언어 사용의 우연스런 고집이 모든 화법 안에 존재하는 것 같다. 내가 볼 때 'Mann'의 경우와 같은 이러한 언어 사용이 대부분 고정되어 있는 바로 그곳에 아델룽에 의해 강조되지 않은 아름다운 섬세함이 놓여 있다. 여기서 단수는 지시된 수가 폐쇄된 전체로서 간주된다는 것을 암시한다; 그래서 그 낱말은 복수의 정해지지 않은 다수로부터 추출된다. 이것은 주로 'vier Mann hoch'와 같은 분포적인 화법에서 관찰되는데 여기서는 모든 네 명의 같이 있는 남자들은 하나의 단위로 간주된다. 나는 이것을 주목해야 한다고 믿는다. 왜냐하면 쌍수와 같은 이러한 비정상적인 단수는 원래 집합적인 단수이고 복수적 단수이기 때문이다. 그리고 이러한 화법은 언어들이 적법한 형식의 결합에서 부정확하지만 그러나 사용할 때마다 그들 목적을 달성하기 위해 특징적으로 어떻게 응용하는가에 대한 증거를 제공한다. 'zehn Fuss'(열 개의 발)와 같은 표현에는 어떤 다른 것이 있는데 이것은 사람들이 이 목적을 위해 'Fusse'와 'Füsse'를 구분하지만 'Fuss'의 원래 개념과 전이된 개념의 구분이다. 이러한 경우들과 비교되는 수사의 유사한 혼동이 히브리어에 나타난다.(게세니우스Gesenius *Lehrgebäude* S. 538) 킴리쉬어에 대해서는 앞에 나온 부분을 참조하시오.]로부터, 수사의 부사로부터, 다수 표시가 명사에서 생략될 때의 동사로부터, 다수 표시가 동사에서 생략될 때의 명사로부터 기인하는 그곳에 사용하지 않는다.

하지만 언어는 단순히 의사소통 수단이 아니고 정신의 각인이고 말하는 자의 세계상이다. 사회성은 언어의 발전에 필수적인 보조 수단이고, 보다 광의로 보자면 언어가 지향하여 행하는 유일한 목적은 아니다. 오히려 개인이란 인류로부터 분리될 수 있기 때문에 개인 안에 정신 형성의 최종점이 있고 이것을 찾는 것이 언어의 유일한 목적이다. 즉 외부세계와 정신의 내적인 것은 언어들의 문법 구조 안으로 이전될 수 있다는 사실은 그 문법 구조 안에서 그런 것이 수용되고, 응용되고 형성될 수 있음을 말한다. 그리고 이것은 언어감각의 순수함과 생생함의 척도에 따라서, 그리고 언어감각의 관점의 고유성의 척도에 따라서 실현된다.

그러나 여기에서 뚜렷한 상이성도 곧바로 드러난다. 언어는 언어 형성에서 우선 감각적인 세계상으로부터 만들어진 혹은 사고의 내적인 것으로부터 — 여기에서 그러한 세계상은 정신적인 작업을 통해서 이미 진행되었다 — 만들어진 흔적을 언어 자체 안에 지닌다. 그래서 몇몇 언어는 삼인칭

대명사에 대한 표현을 가지는데 완전히 특정한 상황에서 개인을 서 있는, 누워 있는, 앉아 있는 등으로 나타내고, 많은 특수한 대명사를 가지지만 일반적인 대명사는 없다; 다른 여러 가지 언어들은 말하는 사람의 근접성에 따라서 삼인칭을 나타내거나 그 동일한 사람의 거리에 따라서 다르게 나타낸다. 또 다른 언어들은 결국 순수한 '그', 즉 '나'와 '너'의 완전한 대립인, 어떤 범주 안에 포함된 것으로서의 순수한 '그'를 가지고 있다. 이러한 견해 중 첫 번째 언어는 완전히 감각적이다. 두 번째 언어는 이미 감각성의 순수 내재적인 형식인 공간[12]과 관련이 있다; 마지막 언어는 비록 그 사용이 어떤 완전히 다른 기원을 가졌던 것을 수용한 것이기는 하지만 논리적인 개념분류와 추상성과 관련이 있다. 이러한 세 가지 상이한 관점이 시간 안에서 진보하는 단계들로 간주될 수 없다는 것은 두말할 필요가 없다. 모든 것은 한 언어와 동일한 언어 안에 있는 어느 정도 가시적인 흔적 안에 나란히 존재할 수 있다. [예를 들어 아비폰어에는 삼인칭 대명사를 독자적으로 표현하기 위해 두 개의 성을 관통하는 상이한 여섯 개의 낱말이 있다. 모든 것은 'ha'라는 어미로 끝난다. 이것은 그러나 절대 혼자 나타나지 않는다. 사람들이 이러한 여섯 개의 대명사와 개념 'allein'(단지)을 연결할 때 그것들은 완전히 사라지기 때문에 'er'(그는)의 표시로 나타내기는 어렵다. 그와 반대로 소유대명사를 위해 자주 생략되는 간단한 표시가 있다. 그래서 소유 표시의 결여는 삼인칭 소유대명사의 등장으로 이어진다. Dobrizhoffer. *l.c. T.* 2, p. 168-170.]

이원성의 개념은 가시적인 것과 비가시적인 것의 이중적 영역에 속한다. 그리고 그 개념이 감각적인 조망과 외적인 관찰에 대해 자극이 되며 생생해짐으로써, 사고의 법칙과 느낌의 노력에 자리 잡게 되고, 그리고 사고의 가장 깊은 곳에 있는 조사될 수 없는 인류와 자연의 유기체에 자리 잡게

12 대명사에 대한 논문은 조망의 순수한 형식으로서의 공간과 인칭대명사 사이에 있는 관계의 문제에 할애되어 있다.

된다.

가장 쉬운 표층적인 관찰을 해 보면 수많은 것들 중에서 하나의 대상과 수많은 대상의 집단 사이에 두 개로 된 대상의 집단은 일순간에는 간과되고, 숨겨진 채로 드러난다. 그러나 인류에게 있는 이원성의 수용과 인지는 두 개의 성의 분류에서 그리고 이러한 것과 관련 있는 모든 개념과 감정에까지 펴져 있다. 더 나가서 이 이원성으로 인해 인간과 동물의 몸 구성은 두 개의 유사한 부분으로 나뉘고 쌍으로 존재하는 사지와 감각기관으로 나뉘어진다. 결국은 자연 속에 있는 인간을 매 순간 감싸고 있는 자연에서 가장 강하고 가장 큰 현상들 중 몇 가지가 이원성으로 나타나거나, 시간을 규정하는 두 개의 커다란 천체인 낮과 밤, 땅과 그것을 둘러싸는 하늘, 육지와 바다 등과 같은 것으로 파악된다. 살아 있는 감각은 그렇게 어디서나 현존으로 드러나는 것을 아주 특별한 형식을 통해서 자연스럽고도 인상적으로 언어로 나타낸다.

이원성의 개념은 정신의 비가시적인 유기체 안에, 사고 법칙 안에, 정신적 범주의 분류 안에 매우 심오하고 원초적인 방식으로 뿌리내려져 있다: 명제와 반명제, 제정과 폐지, 존재와 비존재, 나와 세계 등이 그것이다. 개념이 세 개로 그리고 여러 개로 나뉘는 곳에서도 세 번째 부분은 원초적 이분법으로부터 나오거나 사고에서는 이분법의 기본 원리로 환원된다.

모든 나뉘어진 존재의 시작과 끝은 통합이다. 그래서 나뉘어진 것으로 다시 바로 합해지기 위해 전체적인 것만이 나뉘어 있는 곳인 가장 최초이며 간단한 분할이 자연에서 지배적인 분할이고, 인간에게 사고를 위해서 가장 확실한 분할이며, 인간의 감각을 위해서 가장 좋은 분할이라는 생각이 든다.

특히 언어를 위해 결정적인 것은 언어에서 이원성이 어떤 다른 곳보다 더 중요한 자리를 차지한다는 사실이다. 모든 말하기는 상호 교환적 말하기로부터 기인하고 그러한 말하기에서는 역시 많은 사람들 중에서 말하는 사람은 말거는 사람을 항상 하나의 단위로 설정한다. 사람은 심지어 사고 활동에서도 다른 사람하고 말할 뿐 아니라 다른 사람과 하는 것처럼 자신하고도 말한다. 그래서 자신의 정신적인 친족의 영역을 만들어 내고 '그'와 같은 말하는 사람을 다른 말을 하는 사람과 구분한다. 이처럼 고향 사람과 낯선 사람이라는 두 개의 부류로 인류를 나누는 구분은 모든 원초적이면서 사회적인 연결의 기본 원리이다.

자연에서 외적으로 나타나는 이원성은 매우 표층적으로 파악될 수 있고, 감정과 사고의 내적인 관통 안에서 파악될 수 있음은 이미 위에서 인지될 수 있었을 것이다. 이러한 측면에서 우리는 몇 개의 개별적인 것만을 기억하면 충분할 것이다. 인간과 동물의 몸의 이원적 대칭이 어떻게 환상과 감정으로 들어가고 예술의 건축술의 중요한 뿌리 중 하나가 되는지는 슐레겔A.W.Schlegel에 의해 아주 적절하고 정신적인 방식으로 최근에 보여졌다.(*Indische Bibliothek* B. 2, S. 458) 그의 매우 일반적이고 정신적인 형태 안에서 파악된 성별 차이는 단지 쌍방적인 보완을 통해서만 치료될 수 있는 일면성의 인식을 인간적인 사고하기와 느낌의 모든 관계들로 이끌어 내고 있다.[13]

그러나 나는 의도적으로 이러한 이중적인 파악을, 즉 보다 표층적이고 심층적인, 보다 감각적이거나 정신적인 생각을 이제서야 언급한다. 왜냐하면 이런 현상은 주로 언어가 상호 대화의 이원성에서 기인하는 곳에 등장하기 때문이다. 앞에서는 이런 것들의 완전히 경험적인 현상만이 명시되었다.[14] 그러나 언어의 원초적인 본질에는 변하지 않는 이원성이 있고 말하

---

13 훔볼트는 이것을 1795년에 써서《호렌》지에 실은〈성별 차이에 대하여〉라는 논문과 인상 깊게 관련짓고 있다. 순수 문법을 위한 훔볼트의 보증인인 베른하르디는 쌍수에 대해 다음과 같이 쓰고 있다: "남자와 여자, 말을 거는 사람과 대답하는 사람 사이의 연결은 어떤 그러한 포괄적인 형식이 생겨나게 했다. 그러나 그것은 절대 필수적이지는 않다."(Bernhardi 1805: 128)

14 훔볼트가 '양자 대립'을 포함해서 후기 작품《인간 언어 구조의 상이성에 대하여》(Humboldt GS VI:160 f.) 안으로까지 서술하고 있는 '상호 대화'에 대한 다음 구절은 훔볼트 언어철학의 핵심

기 자체의 가능성은 말걸기와 응답하기를 통해서 조건지어진다. 이미 사고하기는 원래 사회적인 존재로의 성향으로부터 유도되어졌으며 인간은 모든 신체적인 관계와 감각 관계와는 무관하게 자신의 사고를 단지 보존하기 위해 '나'에 상응하는 '너'를 동경한다. 개념이란 인간이 자신의 정확성과 확실성을 낯선 사고력으로부터 반추를 통해서 비로소 얻어내는 것 같다. 개념은 여러 가지 표상하기로부터 떨어져나와서, 주체에 대면하여 객체로 만들어짐으로써 산출된다. 하지만 이러한 분리가 주체에서만 일어나는 것이 아니고, 표상하는 사람이 어떤 다른 그와 유사하게 표상하고 생각하는 존재에서만 가능하다는 생각을 실제로 자기 외부에서 확인할 때 보다 완전하게 나타난다. 다시 말하면 사고력과 사고력 사이에는 언어 이외에는 어떤 다른 중재자가 존재하지 않는다.

낱말 자체는 절대 대상이 아니고 오히려 대상들에 반대되는 어떤 주관적인 것이다. 그럼에도 낱말은 사고하는 사람의 정신에서 객체로 되고, 사고하는 사람에 의해 산출되고 그 사고하는 사람에게 다시 영향을 미치게 된다. 낱말과 대상 사이에는 아주 낯선 간격이 있는데, 개별적으로만 생산된 낱말은 오로지 가상의 객체와 비슷하다. 언어는 개별적으로가 아니라 사회적으로만 실현될 수 있다. 즉 언어는 어떤 새로운 시도가 이미 감행된 시도에 연결됨으로써만 실현될 수 있다. 말하자면 낱말은 본성을, 즉 듣는 사람과 응답하는 사람으로 언어가 확대되는 본성을 가져야 한다. 모든 언어의 이러한 원시원형을 대명사는 제삼의 사람과 제이의 사람의 구분을 통해서 표현한다. 'Ich'(나)와 'er'(그)는 실제로 상이한 대상이다. 그리고 모든 것은 그것들로 국한된다. 왜냐하면 그것들은 다른 말로 '나'와 '비아'를 의미하기 때문이다. 그러나 '너'는 '나'에 대응하는 '그'이다. '나'와 '그'가

을 내포하고 있는데, 그의 언어철학의 핵심은《카비어 작품》14장에서 다시 언급되고 있는데(특히 Humboldt GS VII:55-57 참조), 즉 언어의 의미론적-화용론적 통합이다.

내적, 외적인 인지에 기인하지만 '너' 안에는 선택의 자발성이 놓여 있다. 하지만 '너'도 역시 '그'와 같이 모든 존재의 영역에서가 아니라 어떤 다른, 즉 작용을 통한 공통적인 행위의 영역 안에 있는 '비아'이다. 이럼으로써 '그' 자체 안에는 '비-아'(Nicht-ich) 이외에 '비-너'(Nicht-du)도 놓여 있다. 그리고 그것은 단순히 그것들 중 하나가 아니라, 둘 다에 대응되어 있다. 이로서 위에서 언급된 상황은 많은 언어에서 제삼의 인칭을 나타내는 대명사의 문법적 형성과 명칭은 본질상 앞에 나온 두 개의 인칭(일인칭과 이인칭)과 구분되고, 그것의 개념이 완전하게 존재하지도 않고 어형 변화의 모든 굴절에 나타나는 것도 아니라는 것을 암시한다.[15]

언어의 중재를 통해서 야기된 '나'와 다른 사람 간의 연결을 통해서 비로소 전체 인간을 자극하는 깊고 순수한 모든 — 우정, 사랑, 모든 정신적인 연대감에서 두 사람 사이의 연결을 가장 고귀한 것과 가장 내부적인 것으로 만들어 주는 — 감정이 생긴다. 인간을 언어로 넘어가게 하는 내적으로 그리고 외적으로 움직이는 것이 무엇인지는 언어를 세상 거울로 삼는 인간의 언어감각의 생생함에 달려 있다. 이것의 파악 깊이가 어떤 정도로 일어나는가는 정신과 구상력의 순수하고 부드러운 정도에 따른 느낌에 달려 있다. 이런 느낌 안에서 인간은 자기 자신의 명확한 의식에 도달하기 전에라도 자신의 언어에 대해 무의식적으로 작용한다.

수의 개념으로서의 이원성의 개념은 정신의 순수한 견해의 개념이기도 하지만 정신을 아주 숙련되게 언어 안으로 들어가게 하는 언어와 잘 어울리는 동질성을 가지고 있다. 왜냐하면 아무리 강하게 인간에게 작용하는 것이라 해도 모든 것이 다 이 언어에 대해 동일한 능력이 있는 것이 아니기 때문이다. 그래서 살아 있는 것과 죽어 있는 것 사이의 차이보다 더 눈에 띄는 존재들에 있는 차이를 보는 것은 쉽지 않다. 보다 많은 아메리카 언어들

15 이것은 대명사로 계속 이어진다.

은 쌍수를 토대로 역시 문법적인 차이들을 설정하는데, 그와 반대로 성의 차이는 무시한다. 그러나 삶이라는 단순한 상태가 언어의 형식 안으로 내적으로 녹아 들어가게 하는 어떤 것도 파악하지 않기 때문에, 낯선 자료와 같이 그 소여성을 토대로 한 문법적인 차이들이 언어에 남아 있고, 언어감각의 완전하지 않게 관통된 지배력을 보여 준다. 그와 반대로 쌍수는 언어에 매우 필수적인 형식, 즉 수사에 연결될 뿐 아니라, 위에 보여진 대로 대명사에서도 독자적인 지위를 갖는다. 그래서 쌍수는 언어에만 고유한 것으로 느끼게 하기 위해, 언어 안에서만 소개될 필요가 있다.

그러므로 대명사는 쌍수로 나타날 수도 있다. 사실 여러 언어에는 간과될 수 없는 차이가 존재한다. 즉 언어가 형성되는 과정에는 창조적인 언어감각 이외에도 언어가 생생하게 접하는 것을 언어로 넘기는 활동적인 구상력도 존재한다.[16] 여기에서 언어감각이 항상 주도적 원리라고들 생각하지만 사실은 그렇지 않다. 그리고 언어 구조가 완성되려면 언어에는 변할 수 없는 법칙이 있는데, 즉 언어들 안에서 옮겨지는 모든 것은 자기의 원초적인 형식을 거부하고 언어의 형식을 따른다는 법칙이다. 언어 세계의 변신은 그렇게 성사되고, 언어의 상징화는 언어의 문법적 구성을 통해서도 완성된다.

낱말의 성이 하나의 예가 될 수 있다. 그러한 문법적 성을 가지고 있는 모든 언어는 살아 있는 것과 죽은 것의 개념으로 — 이 개념이 성의 기본 원

16 훔볼트에서 구상력과 언어감각의 관계는 다음과 같이 정해질 수 있다. 즉흥성(오성)과 감수성(감성)의 통합을 수행하는 힘으로서의 언어감각은 칸트적 구상력의 체계적인 지위를 가지고 있다. 그러나 훔볼트는 구상력을 감각성의 측면에서 더 많이 이해하기 때문에 언어감각은 그에게 있어서 상상력과 관련이 있는 것이 아니고 기껏해야 그것의 가장 비감각적인 형식으로 간주될 수 있다. 그래서 언어감각은 정신(이 정신의 작업을 위해 언어감각은 '기관'이다. Humboldt GS VII:46, 53)에 해당하는데, 그 정신이란 드러나게 하기 위해서는 충분하게 신체적인 것을 갖추어야 하는 그러한 비감각적인 것이다.(Humboldt GS II: 332f.) 가능하면 언어를 사고의 '선험적인' 유기체(《문법적인 형식》, S. 67f 참조)와 유사하게 ('상징적으로') 만드는 것이 언어감각의 책무이다.

리이지만 — 만족하는 어떤 언어보다 순수한 언어형식에 한걸음 더 가까이 서 있다고 나는 생각한다. 존재들의 성이 실제로 낱말의 성으로 되었을 때에만, 언어를 형성하는 환상의 다양한 견해에 따라서 세 개의 성 중에서 하나의 성에 의해 부가되지 않는 낱말이 하나도 없을 때 그 때만 언어감각은 자신의 주권을 행사한다. 만일 사람들이 이것을 철학적이지 않다고 한다면 사람들은 언어의 진정한 철학적인 의의를 혼동한 것이다. 자연적인 성만을 나타내면서 은유적으로 나타내진 어떤 성도 인식하지 못하는 모든 언어는 원래 그랬을 수도 있지만 낱말들의 이러한 차이를 더 이상 주목하지 않았거나 혹은 이런 차이에 대해 혼돈에 빠져들면서 남성과 중성을 섞어버리고, 순수한 언어 형식에 의해 강력하게 관철되지 않은 그런 시대에는 언어가 현실의 대상에게 부여하는 미세하고 부드러운 지시를 이해하지 못했음을 증명하는 것이다.

그래서 쌍수에서도 다음에 따라서 쌍수가 나뉜다. 쌍수가 자연에서 쌍으로 존재하는 대상을 경험적으로 인지하여 명사로 되거나, 사람들과 부족들의 처리와 적용의 느낌으로서 대명사로 되거나, 이 대명사와 함께 때로는 동사로 넘어가거나, 실제로 언어의 일반적인 형식 안으로 혼합되어서 그것과 함께 하나로 된다. 물론 언어의 모든 부분들로까지 관통하는 쌍수의 수용은 이에 대한 부호로 통용될 수 있다. 하지만 이러한 것들이 그 자체적으로 절대 결정적일 수는 없다.

쌍수가 낱말들의 상호적 관계들을 서로에게 증가시키고, 언어의 생생한 인상을 스스로를 위해 향상시키고, 소통의 예리함과 간결함의 철학적 논의에서 도움이 됨으로써 담화 접합의 적합성에 잘 맞는다는 사실은 거의 의심의 여지가 없다. 쌍수는 그런 상황 안에서 예리함과 간결함을 장점으로 갖는데, 이를 통해 모든 문법적인 형식은 낱말을 통해서 변환되기 이전에 작용의 생생함과 예리함으로부터 구별된다. 이에 대해 그리스 시인과 로마 시인의 입장을 비교해 보기 바란다. 거기서는 "눈에 띄는 틴다리덴의 나란히 이웃한 별에 관한 것"이 문제인지 아니면 "쌍둥이 형제에 대한 것" 인지가 언급되고 있다. 오비디우스가 바꾸어 쓴 것보다 (at gemini, nondum coelestia sidera, fratres, ambo conspicui, nive candidioribus ambo vectabantur equis)[17] 호머[18] 시에서 간단한 쌍수 어미 "틴다레오스의 힘에 의해 두 명의 아들을 낳았다"(오딧세이 11, 299)와 "그 녀는 두 명의 아들을 낳았다, 얼마나 번득이는 생명인가"(오딧세이 11, 307)가 쌍둥이 성품을 얼마나 생동력이 있고 인상적으로 잘 표현하고 있는가를 보라.(*Motamorphosen* 8, 372 ff.)

호머의 인용된 첫 번째 것과 호머의 그와 유사한 다른 것에서 복수가 쌍수 다음에 온다 해도 이러한 인상을 약화시키지는 못 한다. 만일 형상이 먼저 쌍수와 함께 소개되었다면 복수도 역시 다르게 느껴지지 않을 것이다. 강조가 요구되는 곳에서 그리스어만이 이원성의 독자적인 표시의 우선성을 가질 때 복수를 공통적인 다수 형식으로도 사용하는 권리를 버리지 않는 것은 오히려 그리스어의 아름다운 자유이다. 그러나 가장 위대한 그리스 작가들에게서도 쌍수에 대한 매우 미세하고 정확한 감정이 지배하는지, 그리고 이것을 보다 넓게 실현하는지에 대한 연구는 그리스어의 쌍수를 특별히 고찰하는 이 논문의 마지막 부분에 가서야 가능할 것이다.

지금까지 언급된 모든 것에 의하면 쌍수를 언어의 사치품과 이상 발육으로 언급하는 그러한 자들에 반대할 필요까지는 없어 보인다. 언어란 이러한 모든 언어들을 쌍수 안에서 모든 전체 사람과 깊이 있게 연결해 준다는 언어에 대한 견해가 나를 그렇게 생각하게 한다. 여기서는 이런 견해만을 우리는 따를 것이다. 그래서 나는 이러한 구분들의 보편적인 부분을 여

17 Metamorphosen 8, 372 ff.: "그러나 쌍둥이 형제는, 아직은 하늘에 있는 별이 아니네, /위풍당당한 그 둘을 보아라, 벌집 위에 있는 그 둘을, 눈과 같이 하얗고 빛나는 그들을"(Roesch).

18 Odyssee 11, 299: "[틴다레오스의 힘에 의해] 두 명의 용맹한 아들이 태어났다", 그리고 11, 307: "[그리고 그들은 두 명의 아들을 생산했다], 얼마나 간단하고 빛나는 삶인가."(Voss)

기서 끝내고 다음에서는 쌍수의 연구 의도에서 구분된 세 종류에 따른 개별적 언어의 고찰로 넘어갈 것이다.

쌍수에 대하여 해설

개별적인 문법 형식의 고찰은 철학적 연구의 핵심 사안에 속한다. 홈볼트는 보편적 인간 언어가 민족들의 특수한 언어 안에서 어떻게 나타나는가라는 과제를 풀기 위해서 노력했고, 이를 위해서는 각 언어들의 비교언어 연구가 가장 정확히 목표로 이끌어 주는 방법이라고 언급했다. 그래서 그가 특별히 주목을 했던 문법 형식은 '쌍수'와 '대명사'이다. 이것은 우연히 그에 의해 발견된 대상들이 아니다. 왜냐하면 홈볼트는 말하기의 원형적 상황을 개별적 대화에서 보고 있으며, 쌍수는 이러한 상황에서 'Ich'(나)와 'Du'(너)라는 인칭대명사처럼 대화하는 모습을 제공하기 때문이다. 그는 인류 전체를 하나의 추상적인 개념으로 보았으며 인류는 인간적인 것의 다양함이었다. 그래서 결국 'Ich'(나)와 'Du'(너)의 살아 있는 통합체가 인류라고 보았다. 이런 맥락에서 그는 베를린 학술원에서 〈쌍수에 대하여〉와 〈인간 언어 구조의 상이성에 대하여〉를 상호 보완적으로 발표하였는데, 이 두 논문을 통해서 그는 언어들의 구조가 상이하다는 것을 주장하고 싶었으며 개별 언어들의 정해진 문법 형식을 연구하여 이를 증명하고 싶어했다.

홈볼트는 이 논문에서 모든 언어를 관통하는 개별 언어적 범주 중 한 범주인 '쌍수'를 제시하고 있다. 개별 언어들의 일반적이고 철학적인 문법과 역사적이고 경험적인 문법 사이의 중재를 수행하려면 홈볼트가 주장하는 모든 언어를 관통하는 문법 범주에 대한 연구를 수행해야 한다. 하지만 논문에서 중요한 것은 쌍수의 불변적인 개념에다가 여러 개별 경우를 배속시키려는 것이 아니라, 어떤 새로운 것이 개별적인 특징과 순수한 개념을 연결하는 곳에서부터 생겨난다는 사실을 인지하는 것이다.

그래서 그의 논문 첫 번째 부분에서는 세계의 언어에 대한 조망에서 역사적인 사실들이 나타나고, 두 번째 부분에서는 일반적인 생각으로부터 쌍수들이 보여진다. 왜 훔볼트는 비교연구에서 예로 제시하였던 동사를 연구하지 않고 쌍수를 주제로 선택하여 연구했는가에 대해서 다음과 같은 이유를 언급한다. 즉 쌍수가 유일하고 간단하며 고정된 결합을 통해서 사물의 완성을 위해 매우 적합하고 바로 이 쌍수라는 문법 형식이 분리된 것을 결합시키는 통합을 상징하기 때문이다. 즉 언어에 대해서 언급하는 어떤 것보다 쌍수에 대한 언급이 통합의 근거를 제시하기에 함축적이기 때문이다. 이 쌍수는 비교언어 연구에서만 언급되었던 화용적인 차원에서 언어적인 통합에 대한 확신을 명확하게 해 줄 수 있는 기회를 훔볼트에게 제공하였다. 언어의 '원시 원형'에 대한 주제는 대명사에 대한 언급에서도 계속되는데 이것은 쌍수의 화용론적인 대목과 함께 철학적이고 언어학적인 노력에 매우 가깝다. 그래서 이 논문에서는 '쌍수'라는 문법 형식은 물론 대화를 통한 소통이 주제로 나타나고 있다.

4. 모국어와 훔볼트의 언어사상

1) 모국어[1]

우리가 생각하는 '모국어'(Muttersprache)는 무엇일까? 학문적으로 우리가 사용하는 말은 언어(言語, language, Sprache, Langue)로 알려져 있지만 언어란 사실은 모국어이다. 모국어를 벗어난 언어에 대한 규정은 있을 수가 없다. 왜냐하면 모든 말은 모국어로부터 출발하고 모국어 없는 말은 존재하지 않기 때문이다.

우리가 아는 모국어가 세상에 몇 개나 될까 생각해 본 적이 있었는데 실제 우리가 상상하는 숫자보다 훨씬 많은 모국어가 존재한다. 언어라고 하는 모국어는 인간이 살아가는 곳에는 다 존재한다고 생각하면 된다. 세계에 존재하는 모국어는 대략 6,000-8,000개라고 한다. 하지만 요즘 모국어는 점차 소멸되어 가고 있다. 스티븐 핀커Pinker의 《언어본능》이란 책을 읽어 보면 (57쪽) 인디언 모국어 150개, 시베리아 북부 모국어 40개, 중남미 모국어 160개, 러시아 내륙의 모국어 45개, 호주 모국어 225개 등 약 3.000개 모국어가 소멸되고 있으며 현재 존재하는 4.000개 정도의 모국어 중 600

1 여기에 소개된 '모국어' 부분은 2016년 인천대학교에서 개최한 인문 주간에서 발표한 내용을 요약, 정리한 것이다

개 모국어만이 정상적으로 소통을 위한 수단으로 성사되고 있다고 한다.

모국어는 보존이 되어야 한다. 모국어 사용자는 모국어를 사용함으로써 모국어를 둘러싼 정신 활동과 이성의 능력과 창작 활동이 상호작용을 하여 인간다움을 유지시켜 주기 때문이고, 이러한 모국어를 사용하는 집단 전체적으로 볼 때 어떤 모국어 하나의 소멸은 역사적인 문서를 보관한 도서관 하나가 소멸되는 것과 같기 때문이다.

이런 모국어는 유기체와 같이 작동하고, 신성하며 신비롭기까지 하다. 핀커Pinker는 우리가 사용하는 모국어의 복잡한 문법을 자연 선택이 아니고 물리적인 법칙이라고 했다. 즉 날치가 바다로 돌아갈 수밖에 없고, 칼슘으로 채워진 뼈는 흰색이어야만 되는 것처럼 우리의 뇌는 보편 문법을 위한 회로를 담을 수밖에 없다고 말했다.

이 모국어는 페르디낭드 드 소쉬르Ferdinad de Saussure의 언어학적인 전문 용어로는 '랑그'로 나타내진다. 이 랑그(Langue)라는 용어는 랑가주(Langage)와 파롤(Parole)이라는 용어와 함께 이해되어야 한다.

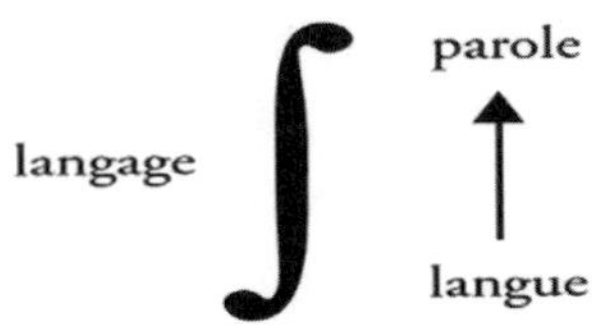

위 도표를 보면 왼쪽에 랑가주가 있고 오른쪽에 상단에 파롤과 하단에 랑그가 있는 것을 알 수 있다. 랑가주는 보편적인 언어 능력을 말하고 랑그는 언어의 실재하는 체계를 말한다. 그리고 파롤은 랑그를 가지고 사용하는 매번의 언어의 행위를 의미한다. 그래서 쉽게 말하자면 우리 인간은 언어의 보편적인 능력인 랑가주를 가지고 태어나서 언어 체계인 랑그를 습득하여 그 랑그를 바탕으로 모국어를 구사한다는 말이다. 이 랑그가 모국어

체계이고 파롤은 모국어를 행하는 개별 행위를 말하는 것이다.

소쉬르가 말한 이 랑그라는 모국어는 매우 기구한 운명을 가지고 성장했다고 할 수 있다. 우리가 사용하고 있는 현재의 모국어들은 자연스럽게 우리가 사용하고 있는 것처럼 보여도 엄청난 투쟁과 노력을 통해 얻어진 것임을 알아야 한다.

현재 모국어가 있기까지의 여러 가지 이론들이 있지만 우리는 대표적으로 진화론적인 언어기원설과 성서적인 언어기원설을 생각해 볼 수 있다.[2]

진화론이 있기 전에 고대인들은 대부분 언어는 신으로부터 주어졌다고 생각하였다. 그래서 예를 들면 성서의 〈창세기〉 11장을 보면 언어가 처음엔 하나였다가 어떻게 그리고 왜 여러 가지 언어로 흩어졌는가를 보여 준다.

1 온 땅의 구음이 하나이요 언어가 하나이었더라
2 이에 그들이 동방으로 옮기다가 시날 평지를 만나 거기 거하고
3 서로 말하되 자, 벽돌을 만들어 견고히 굽자 하고 이에 벽돌로 돌을 대신하며 역청으로 진흙을 대신하고
4 또 말하되 자, 성과 대를 쌓아 대 꼭대기를 하늘에 닿게 하여 우리 이름을 내고 온 지면에 흩어짐을 면하자 하였더니
5 여호와께서 인생들의 쌓는 성과 대를 보시려고 강림하셨더라
6 여호와께서 가라사대 이 무리가 한 족속이요 언어도 하나이므로 이같이 시작하였으니 이후로는 그 경영하는 일을 금지할 수 없으리로다
7 자, 우리가 내려가서 거기서 그들의 언어를 혼잡케 하여 그들로 서로 알아듣지 못하게 하자 하시고
8 여호와께서 거기서 그들을 온 지면에 흩으신 고로 그들이 성 쌓기를 그

2 진화론적 기원설은 찰스 다윈의 영향을 받은 아우구스트 슐라이허(A. Schleicher 1821-1868)의 주장이 대표적이다. 그에 의하면 언어는 인간의 의지와 상관 없이 두뇌의 생리적 산물이며, 생물체처럼 자체적으로 생성, 발전, 소멸하는 유기체이다. 그래서 그는 인구어 전체를 하나의 진화 과정으로 보고 인구어 수형도를 그렸으며, 언어학자의 임무는 언어를 실증적으로 연구하여 많은 언어를 비교하여 공통 조어를 재구하는 것이라고 했다. 네이버지식백과, "역사비교언어학"(안정오) 참조.

쳤더라
9 그러므로 그 이름을 바벨이라 하니 이는 여호와께서 거기서 온 땅의 언
어를 혼잡케 하셨음이라 여호와께서 거기서 그들을 온 지면에 흩으셨
더라(창11:1-9)

다음 그림은 이 구절에 감동받아 벨기에 화가 브뤼겔이 1563년에 그린 〈바벨탑〉이라는 그림이다:

성서에 의하면 처음에는 언어가 하나이었다. 하지만 인간들이 야훼신을 거역하는 탑을 쌓아 가자 그 과정을 방해하고자 신들이 언어를 혼란스럽게 했다고 한다. 이 바벨탑 사건의 개요를 보면 사람들이 현재의 이라크 지역인 당시의 시날 평야에 모여 자신들의 이름을 높이고자 바벨탑을 쌓기를 시작한다. 이 바벨탑은 인간들이 힘을 합하여 야훼의 권위에 도전하는 사건으로 해석이 된다. 그래서 야훼신은 이들의 공사를 차단하기 위해 그

들을 죽이지는 않고 대신에 언어를 혼잡케 함으로써 서로 알아듣지 못하게 하였으며 그 결과 인간들은 공사를 할 수 없게 되어서 바벨탑은 미완성으로 끝나게 된다. 여기서 언어를 "혼잡케 했다"는 말은 원래 하나의 보편 언어로 소통하던 사람들을 여러 모국어로 분화시켜서 서로 소통을 못하게 했다는 말이다. 이 바벨탑 사건은 성경에서 말하는 최초의 모국어 탄생 시점이라고 볼 수 있다. 그 이후로부터 언어는 부족마다 그리고 민족마다 다르게 발전되고 보존되어 모국어가 된다.

성서에서는 언어의 개별성, 즉 모국어로의 원인이 신에 대한 거역이고 그 결과는 비극으로 나와 있다. 그래서 기독교 문명의 영향하에서 유럽은 언제나 정치적으로나 문화적으로 상위에 있는 언어로의 수렴되려는 경향을 보여 준다. 고대 그리고 중세의 유럽에서는 개별 언어인 모국어는 무시되고 경시되는 경향이 있었다. 모국어를 위한 노력은 이단적이고 해로운 행위였다.

바벨탑 이후에 인간들은 부족과 민족마다 다른 언어를 사용하게 되고 소통이 어려워지게 된다. 그래서 점차 민족들은 언어를 중심으로 모국어 개념을 강화시켜 나가면서 타 민족에 대한 적대감을 드러내는 일이 빈번하게 일어난다. 성경에 이와 유사한 사건이 〈사사기〉에 나온다. 〈사사기〉는 이스라엘에서 왕이 세워지기 전에 지도자를 세워 임시방편으로 부족들을 다스리게 했는데 사사라고 했다. 〈사사기〉 12장 1-6절을 보면 다음과 같은 기록이 나온다.

> 1 에브라임 사람들이 모여 북쪽으로 가서 입다에게 이르되 네가 암몬 자손과 싸우러 건너갈 때에 어찌하여 우리를 불러 너와 함께 가게 하지 아니하였느냐 우리가 반드시 너와 네 집을 불사르리라 하니
> 2 입다가 그들에게 이르되 나와 내 백성이 암몬 자손과 크게 싸울 때에 내가 너희를 부르되 너희가 나를 그들의 손에서 구원하지 아니한 고로

3 나는 너희가 도와 주지 아니하는 것을 보고 내 목숨을 돌보지 아니하고
건너가서 암몬 자손을 쳤더니 여호와께서 그들을 내 손에 넘겨 주셨거
늘 너희가 어찌하여 오늘 내게 올라와서 나와 더불어 싸우고자 하느냐
하니라
4 입다가 길르앗 사람을 다 모으고 에브라임과 싸웠으며 길르앗 사람
들이 에브라임을 쳐서 무찔렀으니 이는 에브라임의 말이 너희 길르
앗 사람은 본래 에브라임에서 도망한 자로서 에브라임과 므낫세중
에 있다 하였음이라
5 길르앗 사람이 에브라임 사람보다 앞서 요단강 나루턱을 장악하고 에
브라임 사람의 도망하는 자가 말하기를 청하건대 나를 건너가게 하라
하면 길르앗 사람이 그에게 묻기를 네가 에브라임 사람이냐 하여 그가
만일 아니라 하면
6 그에게 이르기를 쉽볼렛이라 발음하라 하여 에브라임 사람이 그렇게
바로 말하지 못하고 십볼렛이라 발음하면 길르앗 사람이 곧 그를 잡아
서 요단강 나루턱에서 죽였더라 그 때에 에브라임 사람의 죽은 자가 사
만이천 명이었더라 (사사기 12장 1-6절)

이 기록은 에브라임 사람과 길르앗 사람들 간의 갈등을 그린 내용이다. 길르앗 사람 입다가 공을 세우자 에브라임 사람들이 왜 자기들은 승리전쟁에서 제외시켰느냐고 불평하는 데서 갈등은 시작되었다. 그래서 두 부족 간에 전투가 시작되고 요단강 나루턱에서 분쟁의 최고조에 다다른다. 길르앗 사람들이 먼저 강의 부두를 장악하고 발음 테스트를 한다. 길르앗 모국어 사용자는 '쉽볼레'('홍수'라는 의미)라는 발음을 정확히 하지만 에브라임 사투리 사용자는 '쉽볼레'를 '십볼레'('이삭'이라는 의미)라고 발음을 하였다. 즉 에브라임 사람들은 복모음을 발음하지 못했다. 이렇게 성서의 바벨탑 이후에 복모음 발음('쉽볼레'라는 발음)을 못하는 모국어 사용자 42,000명이 살해를 당하게 된다.

그러다가 신약에 와서는 이와 정반대의 사건이 발생하게 된다. 그것은

그 유명한 오순절 사건이다. 성경은 신약에서 사도들의 행동을 기록한 〈사도행전〉을 다섯 번째에 위치시키는데 그 책의 2장을 보면 오순절 날에 사도들이 모여 기도하고 그곳에 성령이 임재하게 된다.

> 1 오순절 날이 이미 이르매 그들이 다같이 한곳에 모였더니
> 2 홀연히 하늘로부터 급하고 강한 바람 같은 소리가 있어 그들이 앉은 온 집에 가득하며
> 3 마치 불의 혀처럼 갈라지는 것들이 그들에게 보여 각 사람 위에 하나씩 임하여 있더니
> 4 그들이 다 성령의 충만함을 받고 성령이 말하게 하심을 따라 다른 언어들로 말하기를 시작하니라
> 5 그 때에 경건한 유대인들이 천하 각국으로부터 와서 예루살렘에 머물러 있더니
> 6 이 소리가 나매 큰 무리가 모여 각각 자기의 방언으로 제자들이 말하는 것을 듣고 소동하여
> 7 다 놀라 신기하게 여겨 이르되 보라 이 말하는 사람들이 다 갈릴리 사람이 아니냐
> 8 우리가 우리 각 사람이 난 곳 방언으로 듣게 되는 것이 어찌 됨이냐
> (행전 2:1-13)

이 성령의 충만함을 받은 제자들이 '방언'을 하기 시작한다. 이 방언은 사투리가 아니고 모국어였다. 그래서 성령 충만한 제자들이 그 방언을 말하자 각국에서 온 모든 자들이 그 말을 이해하게 된다.

이 세 가지 사건을 통해서 우리는 성경 전체를 관통하는 것은 결국 모국어라는 사실을 알 수 있다. 처음 바벨탑 사건에서 보편어가 모국어로 분화되고 두 번째 사건에서는 모국어의 극한 대립으로 42,000명이 살해되고 세 번째 성령의 임재로 방언을 말함으로 소통이 재개됨을 확인할 수 있다. 여러 가지 사건이 성경에 나오지만 결국은 언어 문제였고, 모국어로의 분화

를 다시 통합시키는 것이 성서 전체의 완성임을 알 수 있다. 즉, 언어의 보편성과 개별성이 순차적으로 반복되어 결국 언어의 보편성으로 통일되었음을 알 수 있다.

여기서 우리는 '모국어'에 대해 보다 자세히 살펴보기 위해 언어의 성서 기원론과 진화론을 넘어 고대, 중세 그리고 근대를 살펴볼 필요가 있다. 우선 고대를 살펴보면, 그리스 철학자들도 그들의 모국어인 그리스어에 대한 활발한 토론을 하였다. 당시에는 펠로폰네소스 전쟁이 끝나고 민주주의가 태동하기 시작하였다. 그래서 많은 사람들이 철학, 수사학, 토론, 웅변 등에 관심을 가지게 되었다. 특히 플라톤의 대화에 나오는《고르기아스》,《프로타고라스》 등의 수사학과 웅변술은 매우 중요한 기술이었다. 민주주의에서는 토론과 묘사의 자유가 주어지고 저마다 남들을 설득하고 웅변하는 마음을 가지게 되었기 때문이다. 그래서 이곳저곳에서 토론이 벌어지고 웅변을 수사학을 이용하여 하는 장면들이 많이 발생했다.

다음 그림은 라파엘로가 1510-11년에 그린 〈아테네학당〉이라는 그림이다:

이 그림은 로마 바티칸 교황청 뒤에 시스티나 궁전 2층에 서면의 방에 그려져 있다. 이 방은 교황 율리우스 2세의 명을 받아 라파엘로가 철학, 신학, 법학, 예술 등의 인문주의 사상으로 장식을 했는데 그 중 하나가 이 그림이다. 가운데 정면에 플라톤이 손에《티마이오스》라는 책을 들고 서 있고 그 옆에 젊은 아리스토텔레스가《니코마코스 윤리학》이라는 책을 손에 들고 땅을 가르치고 있다. 플라톤의 얼굴은 다빈치의 얼굴로 그려져 있어서 라파엘로가 다빈치를 존경하고 있음을 알 수 있다. 소크라테스는 플라톤 왼쪽에서 열심히 강연하고 있다. 그리고 또 피타고라스가 왼쪽에 아래에서 책을 보고 있고, 머리 숙여 바닥에 4각형의 면에 컴퍼스를 대고 있는 유클리드, 그 뒤에 지구환을 들고 있는 프톨레마이오스가 지동설을 주장하고 있다. 에피쿠로스는 파란색 옷을 입고 월계관을 쓰고 있고, 정면 계단에 앉아 사색하는 디오게네스가 있고 정면 테이블 옆에 앉아 사색하는 헤라클레이토스가 있는데 이 얼굴은 미켈란젤로의 얼굴이다. 그리고 오른쪽 맨 구석에 정면을 응시하는 자신도 그 안에 집어 넣었다. 바로 이들이 고대 그리스 시대의 철학자들이다.

이들 철학자들은 수사학을 통해서나 사유 과정을 통해서 그들의 모국어인 그리스어에 대해 심사숙고를 하였는데, 그 중에서 특히 플라톤의《크라틸로스》라는 책을 읽어 보면 모국어 그리스어에 대한 이야기가 나온다. 이 책에서는 크라틸로스, 소크라테스 그리고 헤르모게네스라는 세 사람이 등장한다. 책에서 크라틸로스가 소크라테스에게 질문을 제기한다. 크라틸로스는 그리스라는 모국어 안에 나오는 이름들이 자연스런 것이라고 생각하는 반면에 헤르모게네스는 그 이름들은 약속이나 협약에 의해 만들어진 것이라고 주장한다. 결국 이 논쟁은 모국어 그리스어의 명사들에 대한 정당성을 묻는 것이다. 소크라테스는 이 논쟁에서 토론하는 두 사람을 절묘하게 중재시키고 그리스어라는 모국어에는 절대적인 어휘와 관습적인 어휘가 있다라고 말한다.

고대의 이러한 모국어 내에서의 어휘의 정당성 대한 논쟁은 중세에도 약간 방향을 바꾸어 지속된다. 그것은 바로 보편논쟁이다. 이 논쟁은 중세의 약 1,000년 동안 지속되었다. 이 논쟁은 어떻게 보면 언어 일반적인 논쟁이라고 할 수 있다. 중세는 가톨릭이라는 종교의 시대인데, 유럽이 가톨릭으로 하나가 되어 있었고 모든 소통은 라틴어로 진행되었다. 각 나라의 모국어를 말하는 사람은 다른 모국어 사용자와 소통을 할 수 없으므로 라틴어로만 소통이 가능했다. 그것도 라틴어를 배운 지성인들끼리의 소통이었다. 당시에는 성당이나 수도원에서도 단지 라틴어로 쓰고 라틴어로 회의하고 라틴어로 예배를 진행했다. 그러다 보니 보다 보편적인 언어인 라틴어의 보편자 개념이 존재하는가를 따지는 논쟁이 일어나게 되었다. 이것이 바로 보편 논쟁이다. 보편자가 있을 것이라는 생각은 실재론이고 보편자는 이름만 있을 것이라는 생각은 유명론이다. 다음에 나오는 그림을 통해 보편 논쟁의 실체를 파악할 수 있을 것이다:

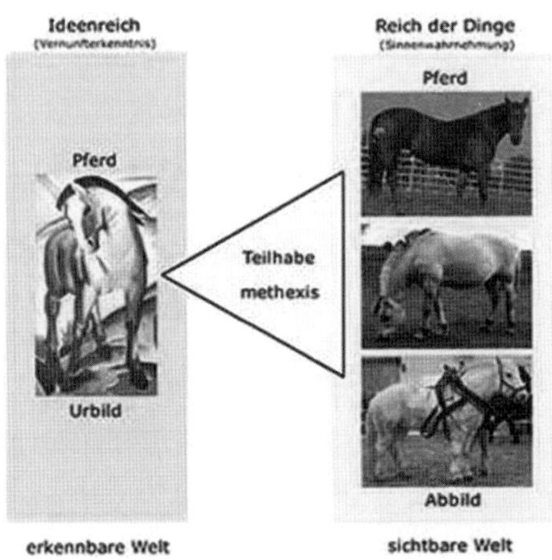

그림의 오른쪽은 말들의 모습이고 왼쪽은 그 말들을 대표하는 이상적인

모습의 말이다. 실재론자들은 왼쪽의 말의 보편적인 모습이 원래 있었기에 개체의 말들이 존재한다고 주장하고 유명론자들은 개체가 먼저 존재했고 보편자는 결국 이상이고 이름만 존재한다는 주장이다.

이 논쟁은 당시에 너무나 중요한 하나님의 개념과 맞닿아 있기에 피를 부르는 논쟁으로 이어졌다. 즉 가톨릭에서 말하는 하나님은 성부, 성자, 성령의 하나님이었다. 이 하나님은 보편자 개념에서 성립이 가능하다. 각 개체가 모여서 하나의 보편자를 이루는 형상이기 때문이다. 그래서 보편 논쟁에서 실재론이 패배하면 가톨릭에서 말하는 성부, 성자, 성령은 개체로만 존재하고 하나님이라는 보편적 개념은 존재하지 않기에 가톨릭의 근간이 흔들리게 되었다. 그래서 유명론자들의 주장은 당시에 가톨릭을 공격하는 의견으로 인식이 되고 유명론자들은 이단으로 몰리게 되었다.

보편 논쟁 속에서 탄생한 문법이 보편 문법이다. 라틴 보편주의자들은 이 시대에 보편 문법이라는 책을 1660년 아놀트와 란세로트가 포트로열 수도원에서 출간하게 된다. 이들은 언어에는 보편적인 논리와 형식이 있다는 것을 전제로 저술하였다. 예를 들어 모든 언어에는 주어, 동사, 목적어는 분명히 있다고 그들은 생각했다. 이런 생각이 20세기에 촘스키라는 언어학자에게 영감을 주어 변형생성문법이라는 이론을 만들어 내기에 이른다. 이 생각은 모국어에 대한 사상에 정반대되는 사상이라고 할 수 있다. 이에 맞서서 상대주의가 등장하는데 모든 생각과 사상은 보편적이 아니고 모국어에 따라 다르다는 생각이다.

이러한 치열한 논쟁이 1,000년을 이어 오다가 르네상스 시대를 맞이하게 된다. 르네상스 시대는 말 그대로 새로운 개혁의 시대이다. 신의 시대인 중세가 끝나고 인간의 시대가 도래하게 되었다. 그래서 모든 인간과 사회 그리고 학문이 인간 중심의 생각을 하게 되었다. 그래서 가톨릭이 주장하는 여러 가지 것들이 흔들리게 되었다. 가톨릭 사상에 대표적으로 반대되는 것이 지동설이었는데, 태양이 지구를 중심으로가 아니라 지구가 태양을 중심으로 돈다는 과학적인 주장이 옳다는 것이 증명되기 시작한다. 그래서 신 중심 사상이 도전을 받게 되었고 모든 분야에서 인간 중심의 사상들이 태동하게 된다. 이로 인해 라틴 보편적인 사상과 언어로 구성된 라틴 보편주의는 각 개별 문화권과 민족을 중시하는 상대주의의 강력한 도전을 받게 된다.

이런 역사적인 전환기인 르네상스 시대에 각 민족들이 부각되고 그 민족들의 모국어가 등장할 수밖에 없게 되었다. 그래서 모국어로의 성서 번역이 강한 힘을 발휘한다. 하지만 15-6세기에는 아직도 가톨릭세력이 사회와 문화 전반을 강하게 지배하였으므로 라틴어의 위용에 눌려 있었다. 즉, 성서를 모국어로 번역하는 것은 이단으로 취급받을 위험이 도사리고 있었다. 하지만 영국을 필두로 독일, 프랑스, 체코 등에서 모국어로 성경이 번역되기 시작하였다. 그 중에 대표적인 것은 위클리프가 1384년에 완성한 영어로의 성경 번역이다. 위클리프는 죽은 후에 이단으로 몰려 무덤에서 시신의 뼈가 꺼내져 불태워졌다. 당시에 성경은 사제만이 라틴어로 읽고 해석해야 진리라고 생각했기 때문이다.

칼 대제는 이미 9세기에 독일 땅에서 가톨릭 예배와 기도 그리고 설교를 모국어 독일어로 드리도록 해서 국가의 정체성을 찾고자 했다. 1446년에는 구텐베르크가 금속활자를 발명하여 평민들도 독일어 문어에 익숙해지기 시작한다. 이와 때를 맞추어 루터는 라틴어 신약성경을 독일어 모국어로 번역하였다. 루터의 신약성서 독일어 번역은 "천재적이고 독창적인 업적"으로 평가되고 있다.(이 번역은 1522년 2월에 완성되어 1523년 9월에 출간되었다.) 루터가 성경을 독일어로 번역하고 나서야 비로소 성경은 독일에서 진정한 국민의 책이 되었다. 그는 번역 일을 훌륭히 수행하여 "독일의 나이팅게일들이 로마의 방울새들만큼 노래를 아름답게 부를 수 있다"

는 것을 만천하에 보여 주고자 했다. 루터는 번역할 때 보통 사람들의 언어를 사용하려고 상당한 관심을 기울였는데 우리는 그가 슈팔라틴에게 보낸 편지에서 그의 성서 번역의 원칙을 알 수 있다. "우리들은 당신에게 때때로 적합한 단어를 물어볼 것입니다. 그러나 우리들에게 단순한 말을 가르쳐 주십시오. 궁정이나 성 안에서 쓰는 말은 사절합니다. 왜냐하면 이 책은 단순성으로 유명해져야 하기 때문입니다."

이 성경은 독일에서 구텐베르크의 인쇄술 덕분에 순식간에 전역으로 퍼졌고 독일어의 모국어 표준으로 자리 잡아 지금까지 보존되고 있다. 루터가 번역할 때 우선 선택한 독일어 형태는 투박한 방언 + 고상한 독어 + 고지 독어 + 작센지방 방언이었다. 이를 토대로 다음과 같은 원칙을 세우고 성서를 번역하였다:

- 우선 원전의 단어 순서에 따라 직역함
- 단어 하나씩을 뽑아 그것과 비슷한 말을 다 늘어놓아 비교함
- 해당 단어의 의미와 균형 및 운율에 적합한 낱말을 찾음
- 추출된 낱말의 의미가 당시의 소통에 적합한지를 고찰함
- 마지막으로 직역과 의역을 하나로 통합함

독일은 마르틴 루터의 성경 번역을 통하여 독일어를 통합시켰다. 16세기 당시 독일 정치적인 상황은 종교적인 통일된 상황과는 다르게 여러 군주들이 독일 영토를 분할하여 통치하였기에 여러 방언으로 분화되어 있었다. 그래서 북부의 저지독어로는 남부의 바이에른 방언과 소통이 어려웠다. 하지만 독일어로의 성서 번역은 독일어로 독일이 하나 되게 하였고 정치적인 통일을 이루는 전거를 마련하였다.

라틴어라는 공용어와 종교적인 제한성 속에서 어려운 과정을 통하여 재

발견된 각 나라의 모국어는 이제 스스로 독자적인 길을 걸어 가야 했다. 이를 위해 19세기에 빌헬름 폰 훔볼트는 언어의 보편적 개념과 (모국어) 연구 방법에 대한 이론을 제공하였다.

2) 훔볼트의 언어사상[3]

빌헬름 폰 훔볼트의 아버지가 일찍 돌아가시자 그는 엄격한 어머니의 관심과 사랑을 특별하게 받게 된다. 그래서 그는 여러 종류의 전문적인 교육들을 여러 명의 가정교사들로부터 받았다. 그리고 모친의 소망대로 그는 괴팅엔 법대에 진학하여 우수한 성적으로 졸업한 후 베를린 대법원에서 공직생활을 시작하였다. 성실하고 열정적이었던 그는 35세에 이미 로마 대사를 지냈고, 39세에 내무부 산하 교육국장을 하면서 프로이센 제국의 교육개혁을 실시하였다. 현재 독일의 초등학교 중고등학교의 교과목, 시험, 그리고 성적 산출법 등은 그때 만들어진 것이다. 더 나가서 대학 교육의 초석을 다지기 위해 그는 베를린에 훔볼트대학을 설립하였다.

그는 그 후에 영국과 프랑스 대사를 거쳐 공직에서 퇴임하게 되자, 베를린 외곽에 있는 모친의 테겔성에서 언어학에 대한 연구 결과를 집필하기 시작하였다. 그는 비유럽어권의 언어를 배우고 알리고 이해하려고 노력하였는데, 예를 들어 바스크 언어는 물론 북미 언어 그리고 중국어에서 말레이언어까지 다양한 언어를 통해서 그 민족들을 이해하려고 시도하였다.[4]

훔볼트는 언어와 민족의 관계를 1811년 논문 *Berichtigungen und Zusaetze*

3 이 부분은 D.D.Cesare의 논문 W.v.Humboldt를 번역하고 참조하여 요약하였다. In : Borsche (Hg.) Klassiker der Sprachphilosophie, 1996, C.H.Beck.

4 이러한 다양한 언어의 습득과 발견 과정을 통해서 훔볼트는 세계의 언어를 다 인정하고 심지어는 방언까지도 그 언어의 존재 가치를 인정하는 세계주의자가 된다.

(보고와 추가)에서 "개별 언어는 민족적 특성을 지닌다"라고 언급했다. 그는 더 나가서 "민족이란 특별한 어떤 언어를 통해 특징지어진 인류의 정신적 형식이다"라고 했다.(*Ueber die Verschiedenheit des menschlichen Sprachbaues*, 1827-29) 이런 맥락에서 언어는 대상을 단순히 모사한 것이 아니고 민족의 사상을 표상하는 세계관이다. 그래서 언어의 상이성은 "소리의 차이가 아니라 세계관의 차이이다"라고 하였다. 그는 이러한 민족적 관점에서 언어를 이해했다.

홈볼트에 의하면 보편적인 것과 정신적인 것은 개별적인 것과 감성적인 것 안에서 나타나는데 거기서 개별적인 것이 보편적인 것보다 먼저 존재한다. 이러한 생각은 언어의 인류학적인 성찰이라고 할 수 있다. 이러한 동기는 《비교인류학의 계획》에서 최초로 기안되었고 시적 상상력의 미학적인 문제 제기에서 다시 등장한다.[5]

홈볼트는 언어를 다른 관심에서 고찰하지 않고 언어 자체에서 고찰했다. 그래서 언어를 소통의 도구로만 보지 않고 사고의 수단으로 보았으며 언어 사용자 스스로와의 소통의 수단으로 보았다.

소통의 언어

홈볼트는 언어를 단순한 의사소통 수단으로만 보는 것을 비판하였다. 그래서 그에게 언어는 도구가 아니고 인간의 신체에 내재하고 있는 기관이었다. 그는 기관이라는 말을 전통적인 기호가 아니라 존재를 구별하는 도구(Organon)라는 것을 나타내기 위해서 사용하는 기관이라고 했다. 즉 이 기관은 살아 있는 유기체의 부분으로서 이해되었다. 그러므로 언어는 인간에게 원초적이고 자연스러운 것이다. 언어는 인간의 본능이고 다른 사람들과

5 《괴테의 헤르만과 도로테아에 대하여》(1798) A. Flitner와 K. Giel이 1988년에 출간한 다섯 권짜리 W.v. Humboldt 중 Bd. II: 125-356쪽을 참조할 것. 이 책은 이하 Bd.I 혹은 Bd.II 로 표시하겠음.

의 조화 속에서 자기 자신과 세계를 음성을 통해서 형성하는 내적인 요구의 결과이다. 말하자면 언어는 외부 세계에 있는 대상의 외적인 존재를 구별하는 기관이 아니고 주체의 내적인 존재를 구별하는 기관이다. 그래서 인간과 언어는 구별될 수 없고 언어는 주체 자체가 된다.

이에 더 나가서 세계와 나 자신을 매개하는 데 있어 언어가 중요한 역할을 한다는 생각은 1800년 9월 쉴러에게 쓴 편지에서 언급되었다.[6] 언어는 나와 세계를 관련지을 뿐 아니라 구별하는 데에도 기여한다. 인간은 어느 세계에 살면서 언어를 통하여 사물을 명명하고, 그 명명을 통해 세계를 인간과 구별한다는 말이다. 그리고 그 명칭들을 통하여 인간은 세상과 만나서 성찰을 하게 된다. 인간은 자연적 존재로서 그가 살고 있는 세상과 원래 일치되어져 있지만 성찰을 통해 인간은 세계와 소통하고 세계와 구별될 수 있다. 즉 인간은 성찰을 통하여 대상을 사물로서, 그리고 동시에 자기 자신을 주체로서 규정하는 데 이러한 행위가 바로 언어적인 본성이다. 언어는 오히려 의사소통의 단순한 도구로서보다는 인간이 자기 자신과 세계를 형성하는 도구이거나 혹은 오히려 그가 세계를 자기와 구별함으로써 자기를 의식하는 수단이다. 그래서 인간은 언어를 통해서만 인간이 될 수 있고, 세계가 언어적으로 구성되어져 있는 한 그 세계를 언어적 세계로서만 파악하게 된다.

나와 세계의 형성이 언어의 매개를 통해서 가능하다는 주장과 나는 성찰을 통해서 세계로부터 구별된다는 사상은 "언어는 사고의 기관이다"라는 문장으로 요약될 수 있다. 이는 '낱말' 없이는 '개념'도 없고 역시 '대상'도 없다는 말이다. 왜냐하면 대상은 인간에게 개념으로서만 객관적인 규정성을 지니기 때문이다.

---

6 Humboldt GS V:195-199.

다양성의 언어

홈볼트에게 있어서 언어적인 통합은 일종의 선험적 가정이다. 보편성 안에 있는 언어가 모든 사람에게 공통적인 언어 능력으로서 인지되기 위해서는 개별화된 언어를 통해서만 가능하다. 그래서 언어는 우리가 역사적인 언어로서 알고 있는 개별적인 형식의 다양함 안에서만 나타난다. 이처럼 사고의 역사적인 조건으로서 개별 언어를 인정한다는 것은 훔볼트의 코페르니쿠스적인 전환이다. 언어들이 원래 이미 인식된 진리를 서술하는 수단이 아니라 그전에 인식되지 않던 진리를 발견하는 것 이상의 수단이라는 것을 가정한다면 그것들의 "상이성은 소리나 기호의 상이성이 아니라 세계관 자체의 상이성이다."[7] 왜냐하면 세계는 언어로 그리고 언어 안에서 형성되어질 때만 그리고 이 언어가 상이한 언어들로 주어질 때만 사람들은 하나의 세계가 아니라 각 언어를 개시하는 관점들의 다양함에 상응하는 다양한 세계들을 소유하기 때문이다.

훔볼트는 이러한 언어들의 상이성을 매우 긍정적으로 평가한다.(Humboldt GS III:167 이하 참조) 예를 들어서 모국어들의 상이한 관점들이 세계를 형성함으로써 상이한 관점들이 세계를 다르게 재현하기 때문에 우리는 세계를 다양하게 경험할 수 있다. 그래서 모든 모국어라고 하는 언어들은 모든 측면을 다르게 채색한 색깔 아래에서 보편성을 상이하게 나타내는 프리즘과 유사하다.(Humboldt GS III:321) 이러한 프리즘화된 상이성은 그 민족마다 상이한 세계관을 형성하고 그 상이하게 형성된 세계관은 보편적인 세계관 아래에서 다양성을 나타낸다. 그래서 상이성은 언제나 단일성 내에서의 상이성이다. 언어에서는 보편적인 일치가 먼저 존재하고 그 보편성 안에서 개별화가 발전되어 나간다. 그래서 실은 인류는 보편적인 단 하나의 언어

7 이는 훔볼트의 가장 유명한 인용구 중 하나인데 《Über das vergleichende Studium in Beziehung auf die verschiedenen Epoche der Sprachentwicklung》(1820년)에 나온다.

를 가지고 있다고 말할 수 있다.(Humboldt GS VII:51) 언어는 개별화됨으로써 보편성과 개별성 사이의 끝없는 순환 속에서 발전한다. 그리고 이 두 개의 극점 사이에 상이성들이 넓게 펴져 있다.(Humboldt GS VII:622) 그래서 이러한 통일성은 언어들 사이의 보편성을 전제한다.

살아 있는 언어

실제로 발화되는 모든 낱말은 항상 모든 언어를 결정하고 전제하고 있다.(Humboldt GS VI:15) 왜냐하면 각 낱말들은 항상 다른 요소와 서로 유기적인 연관성을 전제로 나타나기 때문이다. 전체 언어는 일종의 '유기체'이다. 인간의 사고하는 종합적 행위가 흩어져 있는 여러 가지 단편적인 현상들을 하나의 전체로, 다시 말해서 유기화된 전체로 변형시킨다.(GS II: 128) 인간이 어떤 객체를 다른 객체와 연결지을 때 더 나가서 전체 유기체와 연결지을 때 언어는 가장 중요한 역할을 한다. 다시 말해서 언어적인 유추를 통해서 개별 낱말을 전체적인 언어유기체에 연결짓는다.(Humboldt GS III:295)

이 유추 과정에서 세계관은 매우 중요한 역할을 한다. 세계관은 유추의 총합이기에 이 세계관을 통하여 유추가 이루어질 수 있다. 언어의 유기적인 구성 안에서 유추의 가장 확실한 증거는 '세계관'이다. 그래서 언어의 유기체적 성질은 유추와 관련이 있다. 훔볼트는 이러한 유기체적 성질을 유추의 망(Netz)으로 설명한다.(Humboldt GS VII:278)

언어를 사용하는 각 개인들은 유추의 망 안에서 발화하고 소통한다. 이 연쇄의 망 안에서 각 민족들은 과거를 만나고 미래를 만들어 간다. 이 언어의 망사체는 언어의 유기적인 성질로부터 보면 개방된 연결이다. 유추의 연결적 개방성은 각 언어들의 특수한 방식에 대한 객관성과 언어에 의해 추론된 세계의 특수한 방식의 객관성을 나타낸다. 각 모국어는 객관화되어 있고 이 모국어들은 하나의 세계이므로 언어와 사실적 세계 사이의 일종의 '중간세계'를 형성한다. 이 세상에 존재하는 세계는 '나'와 '너' 사이의 대화에서 생생하고 그러한 세계는 실제적인 대화 외부에서는 어떤 식으로 존재하지 않음을 의미한다.

훔볼트에 의하면 언어는 세상에 있는 재료들을 사고의 형식에 불어넣은 결과이다. 언어란 형식이다.(Humboldt GS IV:17) 그래서 그는 언어의 동적인 성질을 설명하려고 '유추'와 '형식'의 개념을 이용한다. 훔볼트가 언어의 형식이라고 부르는 것은 언어가 형식에 대해 어떻게 발전시키는가의 방식이다. 다시 말해서 어떤 민족은 사고와 느낌을 언어를 통하여 타당하게 만들어 낸다. 그래서 이 만들어 낸 결과가 언어의 형식이다.(GS VII:47) 그래서 언어는 '형성의 원리'이기도 하고 이러한 원리의 결과이기도 하다. 즉 언어란 형식을 소유하고 있으며, 일종의 형식이라고 말할 수 있다. 훔볼트에 의하면 "언어는 이미 형성된 요소와 더불어 정신이 작업할 때 방식과 형식을 보여 주는데 이 형식은 정신의 작업을 계속 발전시키는 방법이기도 하다."(Humboldt GS VII:62)

결국 형식은 언어가 만들어 내는 정신작업에서 지속적으로 진행되고 형성된 것이다. 이러한 과정은 절대 정적이지 않고 동적이다.(Humboldt GS VI:146) 형식으로 되어 있는 언어는 언제나 말하기의 창조적인 행위를 통해 이루어진다. 그래서 언어공동체마다 언어 고유의 처리 방식이 변할 가능성이 있다는 말이다. 이러한 역사적인 언어 형식과 개별적인 말하기 행위 사이의 관계는 매우 동적이다.

훔볼트 언어 사상이 '에네르게이아'로서 언어를 규정하는 것은 예외처럼 보인다. 언어는 그 실제적인 본질에서 파악하자면 어떤 지속적인 것이고 매순간마다 지나가는 것이다. 언어 자체는 "작품이 아니고 행위(에네르게이아)이다".(Humboldt GS VII:45, 46) 이러한 규정은 언어의 실제적인 본질을 파악하는 다양한 시도에서 매거될 수 있다. 언어를 보다 정확히 파악하는 시도는 필수적으로 개별적인 언어 행위의 규정, 즉 그때마다의 말하기의 규정이다. 아리스토텔레스의 에네르게이아과 에르곤 개념에서 고찰할 때, 훔볼트의 언어는 역동적인 생산의 과정으로서 이해된다.

'에네르게이아'로서 언어의 규정은 잠재력보다는 행위가 앞선다는 생각이다.(GS VII:46) 이에 대해서 언어에서 '담화'(Rede)는 언어를 있는 그대로처럼 실체화시킬 뿐 아니라, 담화가 언어를 실체화시킴으로써 그 언어 자체까지도 변경시킨다. 그래서 담화는 언어를 기초하고 정당화시킨다. 언어란 글쓰기나 문법이 아니라 '말하기'(Sprechen)로부터 만들어진다. 언어는 이러한 관점에서 말하기의 총체인 담화(Rede)의 체계이다. 언어는 절대로 문법이나 사전에서 그 본질을 추출할 수 없다.(Humboldt GS VI:147, 43) 이러한 말하기는 언제나 종합적이고 창조적인 행위이다. 그래서 언어 연구는 실제적인 말하기에서 낱말의 종합을, 즉 말하기의 문법을 연구한다.

현실적인 말하기의 인칭적 현상은 말하기 문법의 다른 기본 범주를 나타내는데 이것은 인칭의 범주이다. 전통적인 문법에서는 인칭대명사가 중요하지 않지만 훔볼트는 색다른 입장에서 대명사를 말하기의 과정의 근간으로 본다. 그가 말하는 말하기 과정 내에서는 대명사가 화자와 청자의 인칭적인 관계를 규정한다. 그래서 대명사는 언어적인 기본 범주이다.(Humboldt GS VI:304-306) 언어의 대화적인 성질은 말하는 자가 자신에 대면하여 모든 다른 사람 중 말해진 사람을 구별하는 것을 요구한다.(GS VI:304) 그래서 '나'와 함께 '너'도 역시 주어져 있다. 동사가 말하기의 대상에게 실제로 존재를 부여한다고 한다면, 대명사는 그 안에 말하는 사람을 확정시키고 그들의 상호적인 상황을 결정한다. 그래서 대명사의 범주 안에 언어의 개별적이고 화용적인 범주가 나타난다. 훔볼트에 의하면 동사와 대명사라는 범주는 언어의 보편적인 원형을 나타낸다. 이 원형은 비록 상이한 형식들로 나타나지만 모든 언어들의 문법에 존재한다.

3) 훔볼트의 언어 연구 : 비교연구방법[8]

우리는 훔볼트의 연구 기간을 초기, 중기 그리고 말기로 분류할 수 있다.[9] 그가 연구한 과정을 보면, 주로 초기에 주제를 발제하고, 중기에 그런 주제들을 점차로 구체화하여 용어를 만들었으며, 말기에는 축적된 연구 토대와 경험적인 자료를 중심으로 구체적인 연구를 하였다.[10]

언어연구를 시작한 초기인 1801/02년에 그는 *Fragmente der Monographie über die Basken*(바스크 사람들에 대한 단편논문)를 저술하였고, 1810년에 *Einleitung in das gesammte Sprachstudium*(종합적 언어 연구에 대한 안내)와 1812년에 *Ankündigung einer Schrift über die Vaskische Sprache und Nation, nebst Angabe des Gesichtspunctes und Inhalts derselben*(바스크 언어와 민족에 대한 문서의 발표, 그 언어와 민족의 관점과 내용의 진술을 포함해서)를 발표했으며, 1820년에는 *Ueber das vergleichende Sprachstudium in Beziehung auf die verschiedenen Epochen der Sprachentwicklung*(언어 발달의 상이한 시대를 고려한 비교언어 연구에 대하여)와 1822년에 *Ueber den Nationalcharakter der Sprachen*(언어들의 민족적 특성에 대하여)를, 그리고 1827년에 *Ueber den Dualis*(쌍수에 대하여)를 발표하였다.

이 여섯 편의 논문에서 그는 개별어 분석과 언어 친족성 연구를 비교언

---

8 이 부분은 안정오의 〈빌헬름 폰 훔볼트의 비교언어 연구〉(《독일언어문학》63집(2014), S.109-130)를 많이 참조하여 요약였다.

9 훔볼트의 연구를 시대 구분할 때, 우리는 1800년대 전후를 초기로 보고, 프로이센제국의 교육부에서 근무하던 당시인 1810년대 전후를 중기로 볼 수 있고, 베를린 테겔 성에서 기거하던 1820년부터 1835년까지를 말기로 볼 수 있다.

10 Peter Berglar 1985:128 이하 참조.

어 연구 방식으로 진행했다.(Humboldt GS IV:422 참조) 훔볼트가 활약했던 19세기 당시의 독일에서는 역사비교언어학이 주를 이루었다. 당시의 언어 연구는 유럽, 근동, 북인도의 넓은 지역에 퍼져 있는 가상의 언어인 인구어를 재구하는 데 집중되어 있었다. 이들은 수많은 언어로 작성된 텍스트를 중심으로 언어들을 비교하여 그들의 유사성과 친족어를 찾아내어 다시 역사적으로 추론하여 어떤 원형을 찾으려 했다. 이런 과정의 결과로 독일어가 음운 추이를 한 사실이 발견되었으며, 독일어의 뿌리와 친족어들이 발견되었다. 여기서 중요한 역할을 한 연구가들은 슐레겔W. Schlegel, 봅F. Bopp, 슐라이허A. Schleicher 등이 있는데 이들은 모든 가능한 언어들의 원자료를 수집한 후에, 이 자료들을 비교하여 원시 인구어의 음운, 어휘 그리고 문장의 원형를 찾아가는 노력을 하였다. 그 후에 라하만K. Lachmann, 파울H. Paul, 오스트호프H. Osthoff, 레스키엔A. Leskien과 같은 소장 문법학자들에 의해 그런 연구들이 심화되었다.[11]

역사비교언어학에서 가장 중요한 것은 언어 간의 '비교'였다. '비교'[12]라는 과정을 통해 연구 대상이 되는 언어들의 상태와 유사한 언어들의 조어를 찾아낼 수 있었다. 이 '비교'(vergleichen)라는 방법은 기간 텍스트를 다른 텍스트와 비교하여 뚜렷한 결과를 낳는 매력적인 방법이었는데 역사비교언어학자들은 주로 음운비교 연구를 통해 게르만어의 음운 추이 법칙을 발견하였고 인구어의 조어를 재구하는 데 이르게 되었다.

훔볼트도 그 시대의 연구가들이 사용한 '비교' 방식을 주로 사용하였다. 하지만 역사비교 문법학자들이 인구어 원시 조어 재구를 위해서 음과 문법

11 Lyons 1992, 김윤한 1988, 김방한 1988 참조.

12 독일어로 '비교'는 'vergleichen'이다. 이 'vergleichen'은 대조를 의미하는 영어에서 유래한 'kontrastieren'(대조하다)와는 구별되어야 한다. 'vergleichen'은 역사비교언어학의 의미에서 시간의 개념이 들어간 통시적인 비교라고 이해해야 하지만 'kontrastieren'은 동시대적 비교이므로 공시적인 비교라고 이해할 수 있다.

을 비교를 한 것이라고 한다면, 훔볼트는 상이한 언어에 나타난 특수한 세계상(Weltansicht)의 모습을 찾아내고, 그것과 인간과의 관계를 규명하기 위해서 언어들을 비교하였다.

훔볼트의 연구를 시대에 따라서 주제별로 분류해 보자면 초기에는 주로 사고와 언어의 관련성에 관한 단상, 번역 문제, 문법 형식 등에 관심을 가졌고, 중기에는 비교언어 연구와 구체적인 문법 형식 등을 연구했으며, 말기에는 언어 구조, 언어의 상이성 문제, 언어 원형, 친족성 등에 대한 논문을 발표했다.

훔볼트의 비교언어 연구도 그의 일반적인 언어 연구의 여정처럼 초기, 중기 그리고 말기에 고루 행해졌는데, 1800년 즈음 시작하여 1820년을 기점으로 비교언어 연구가 집중적으로 진행되었고 마지막에《카비어 서문》(1830-35)에서 결실을 맺었다.

하지만 20세기의 훔볼트에 관련한 연구 결과물들은 주로 언어철학과 관련된 것이다.[13] 훔볼트가 말기에 다룬 언어철학과 인류학 혹은 인간학의 전제는 그가 초기와 중기에 다룬 언어제반 현상, 즉 음성, 어휘 그리고 문법에 관련된 연구이고, 초기, 중기와 말기의 연구를 연결해 주는 고리는 비교방법론이다.

훔볼트는 쉴러F. Schiller나 볼프F. A. Wolf에게 보낸 편지에서 바스크 민족학과 언어에 관련된 언급을 하였는데,[14] 1801/02년에 나온 *Fragmente der Monographie über die Basken*(바스크 사람들에 대한 단편논문)에서 언어학은 어떻게 해야 하는가를 구상하고 있다.[15] 훔볼트는 이 단편논문에서 주로 관심을 가진 것은 당시에 언어학 분야에서 중요한 관심사인 보편

13 Mueller-Vollmer 1991:109-133.

14 Flitner/Giel 1960-81 Bd. V:180-185, 195-199 참조.

15 Schmitter 1999:458.

성 문제였다. 훔볼트가 비록 항상 언어의 상이성에 더 많은 관심을 가지기는 했지만 그의 연구 초기에 'Grammaire Générale'(보편문법)에 속하는 'Allgemeinheit'(보편성)에 많은 관심을 가졌다. 훔볼트는 바스크 언어를 연구할 때 근간으로 삼은 것이 언어의 보편성과 문법의 보편성이었다. 이 보편성을 추론하기 위해 훔볼트는 모든 언어의 자료들을 다 모아서 비교해야 한다고 주장했다. 이 비교 과정에서 그는 어원론(Humboldt GS VII:594 참조)과 문법(Humboldt GS VII:600 이하 참조)에 집중하였다. 이에 더 나가서 그는 보편성을 추론하기 위해 당시에 역사비교 언어학자들이 주로 사용했던 유추 개념도 도입한다. 유추는 언어 구조의 기본 원리이기 때문에 언어 구조의 모든 부분들의 개별 분석은 물론 언어 비교에서도 유추의 원리를 토대로 언어들의 비교를 시행할 것을 주장했다.(Humboldt GS VII:595 참조) 그래서 훔볼트는 이 논문 단편의 초반에서 어원론을 음과 낱말의 의미 사이의 유추 법칙을 찾는 기술로 규정하고 있다.(Humboldt GS VII:594 참조)

19세기의 역사비교언어학에서는 음성을 허다하게 연구하였는데, 그 목적은 원시 조어를 찾는 데 있었다. 그러나 훔볼트는 음성을 연구하였지만 음성 자체의 연구가 아니고 음성 유추 연구였다. 즉 음성 유추 연구란 음성으로부터 낱말이 어떻게 음성과 유사하게 연관되어 유추되었는가를 찾는 것이다. 이를 보다 확고하게 하기 위해 훔볼트는 다른 언어의 유추 과정을 여러 논문에서 비교를 통해서 추론한 바 있다.(Humboldt GS III:425, 167 참조)

바스크어와 관련된 논문 단편에서 다루고 있는 보편성 문제는 훔볼트가 나중에 언어 생성에 관한 질문을 하면서 원형 개념을 언급하였고, 보편성에 대한 해답을 제시했다.[16]

훔볼트는 언어의 보편성을 찾기 위해 언어 백과사전의 필요성을 언급한다. 즉 언어는 비교연구를 통해 상이성과 보편성이 탐색되는데 이를 위해

16 Schneider 1995 참조.

종합적이고 경험적인 자료의 철학적인 성찰이 필요하다. 그에 의하면, 언어 연구를 위해 모든 언어의 체계적인 백과사전이 우선 필요하고, 이를 위해 언어 자료를 수집하고, 그 후에 그 자료들을 서로 비교해야 한다. 여기서 언어를 비교할 경우, 언어의 역사적 발전에 대해 우선 연구해야 하는데, 훔볼트는 문법, 어원론 그리고 어휘 측면에서 연구를 진행하고 나서, 모든 개별어를 서술하여 언어 친족성에 따라 분류할 것을 주장했다.

훔볼트는 1801/02년에 쓴 논문의 마지막에서 새로운 언어 연구를 계속해야 한다고 했는데, 이를 위해 *Einleitung in das gesammte Sprachstudium*(1810, 종합적 언어 연구에 대한 안내)과 *Ankündigung einer Schrift über die Vaskische Sprache und Nation, nebst Angabe des Gesichtspunctes und Inhalts derselben*(1812, 바스크 언어와 민족에 대한 문서의 발표, 그 언어와 민족의 관점과 내용의 진술을 포함해서)을 저술하였다.

그는 이 두 편의 논문에서 언어의 보편적 부분을 설정하고, 하위에 있는 여러 가지 언어적 요소들을 연구하기 위해서 언어자료 수집후, 분석 그리고 비교의 단계를 밟았다.(Humboldt GS III:295 참조)

1812년에 그가 쓴 논문 *Ankündigung einer Schrift über die Vaskische Sprache und Nation, nebst Angabe des Gesichtspunctes und Inhalts derselben*(바스크 언어와 민족에 대한 문서의 발표, 그 언어와 민족의 관점과 내용의 진술을 포함해서)에서 특이한 것은 언어의 보편적인 부분 이외에 '특수한' 부분과 '역사적인' 부분을 주장한 것이다.(Humboldt GS VII:620 참조) 그는 언어들의 특수한 부분은 비교의 대상이며 각 언어들의 이러한 특수한 부분을 서로 비교하여 전체적인 언어 연구를 완성한다고 주장했다.

그는 1810년대의 논문들에서 'organisch'(유기적)와 'Organismus'(유기체)라는 용어를 사용하였는데, 이는 당시의 자연과학적이며 실증주의적인 언어 연구의 영향을 받은 것이다. 이들의 언어 연구 방법의 전제는 인구어에 원시 조어가 있어서 그 원시 조어가 마치 유기체처럼 진화 · 발전하여 여러 가지 하위 언어들로 분화되었다는 것인데, 그러한 모습을 하나의 유기체와 같은 모습으로 그린 것이 인구어들의 수형도이다.[17] 바로 이러한 유기체 개념의 영향을 받은 훔볼트도 언어를 유기체로 보았고, 언어의 구조를 유기적 구조로 보았으며, 그 결과 1810년 논문에서 'Organischer Bau'(유기적 구조)와 'Organismus'(유기체)라는 용어를 도입하였다.(GS III:296 그리고 GS III:298 참조) 이는 1801/02년에 쓴 논문에서 'Charakter'(특성)에 해당하는데 이런 용어의 변화는 흔히 훔볼트의 논문을 이해하는 데 큰 걸림돌로 작용할 뿐 아니라, 또 다른 의미를 나타내는 것은 아닌가 하는 오해를 불러일으키기도 한다.

1820년에 훔볼트는 *Ueber das vergleichende Sprachstudium in Beziehung auf die verschiedenen Epochen der Sprachentwicklung*(언어 발달의 상이한 시대를 고려한 비교언어 연구에 대하여)를 쓰는데 이미 제목에서 그는 비교 방법으로 언어를 연구하겠다고 선언하고 있다. 여기서 그는 초반에 "비교언어 연구란 사람들이 이것을 스스로의 사용과 목적을 가지는 고유한 연구로 취급할 때만 언어, 민족의 발전 그리고 인간형성에 대한 분명하고 의미 있는 해명을 할 수 있다."(Humboldt GS IV:1)고 했다. 그에 의하면, 언어는 세계관을 전제하므로, 언어 연구 역시 종합적인 연구이어야 하고, 비교언어 연구도 민족과 인간 그리고 역사를 포함해서 연구해야만 한다.

이 시대에 훔볼트는 본격적으로 언어의 비교 연구를 단행하였다. 언어의 자료 분석도 언어 내적인 비교와 언어 간의 비교를 병행하고 있으며, 언어를 종합적으로 연구했다. 1822년에 쓴 *Ueber den Nationalcharakter der Sprachen*(언어들의 민족적 특성에 대하여)에서도 그는 개별어 분석과 언어 친족성 연구를 비교언어 연구 방식으로 진행하였다.(GS IV:422 참조)

---

17 Schleicher 1861 참조.

홈볼트는 "언어의 상이성은 기호나 소리의 상이성이 아니라 세계관 자체의 상이성이다"(Humboldt GS IV:28)라고 하는데 이런 세계관의 발견이 언어 연구의 마지막 목적이라는 것이다. 이러한 목적에 도달하기 위해서는 비교언어 연구가 필요하다고 그는 주장했다.

홈볼트는 각 언어에 있는 고유성이 설명되려면, 비교언어 연구와 인류의 철학적 역사를 연결지어야 한다고 했다. 이를 위해 그는 'philosophisch'(철학적)와 'historisch'(역사적)를 구분한다. '철학적'이라는 것은 선험적인 것에 대한 성찰과 관련이 있는 것을 연구하는 방식이고, '역사적'이라는 것은 각 언어의 개별적인 것을 구체적인 자료를 근거로 경험적으로 연구하는 것과 관련 있다.(Humboldt GS VI:6 참조)

홈볼트에 의하면 언어의 생성과 발전 과정에는 세 개의 지점이 있다. 생성의 최초 지점에서는 'Organischer Bau'(유기적인 구조)가 완성되어 나타난다. 예를 들어 어떤 언어가 (문법적) 성이나 격 등을 구별하지 않고 시작하게 되면 그런 언어는 이런 문법 형식을 더 이상 발전시키지 않는다. 하지만 그 언어가 언어의 외적 요소들에 의해 변화하는 지점이 생기고 내적 요소가 형성되는 지점에 도달하게 되면 이 경우 그 언어는 주어진 경계 내에서 무한대로 발전한다.(Humboldt GS IV:6 참조) 홈볼트에 따르면 이런 맥락에서 어떤 언어의 역사적인 발전은 'Organisaton'(조직)과 'Charakterbildung'(특성 형성)으로 구성된다. 그래서 언어를 역사 · 생성적인 고찰이 아니라 동시대적인 고찰을 할 때, 언어는 'Charakter'(특성)와 'Organismus'(유기체)로 나타난다고 그는 생각하였다.(GS IV:11, GS IV:12) 이런 동시대적인 고찰을 하기 위해 특히 *Ueber den Nationalcharakter*(민족의 특성에 대하여)에서 그는 경험적 연구를 하여서 언어의 '특성'을 규정하려고 했다. 이 '특성' 연구가 가장 어렵지만 홈볼트에서 가장 핵심적인 연구이다. 홈볼트가 주장하는 특성은 그의 언어사상에서 가장 중요한 세계관이다.

'특성'에 대한 연구는 어떤 언어를 비교하지 않고 고립적으로 연구하여 가장 고유한 독특성을 찾아내는 것이다. 그래서 이런 연구에서는 한 언어로의 집중을 요구하지만 다른 한편으로는 다른 언어와 비교를 하기도 해야 한다. 왜냐하면 어떤 언어의 특성이란 다른 언어에 나타나지 않는 것을 말하는데 이 경우 다른 언어들의 일반성과 비교를 통해서 그 특성이 드러나기 때문이다. 특성이란 정신의 느낌, 사고와 느낌의 방식이 어떤 특별한 방식으로 표현되는 그런 요소들이다.(GS IV:434 참조) 그래서 '특성'은 담화를 말하기도 한다. 낱말들의 내용을 분해하고, 환상적인 연결로 낱말들을 사용하여 나타나는 담화가 '특성'일 것이다. 훔볼트는 이런 특성의 한 예를 언급하면서 특성은 텍스트에서 명백히 나타나는데, 특히 문학작품, 철학적 저서, 역사서 등에 주로 나타난다고 했다.(GS IV:29 참조)

1820년대에 그는 'Organismus'(유기체) 연구를 위해 언어를 자연적인 현상으로 취급하였다.(GS IV:7 참조) 그래서 이런 유기체는 개별 언어 내에서는 물론 여러 언어들의 비교를 통해서도 연구될 수 있다. 이 시대에 그는 이런 측면에서 개별어들의 연구를 비교 연구와 병행하여 실시했다. 개별 언어의 특수한 것들이 비교를 통해 드러나기 때문이다. 그래서 모든 언어학은 그에 의하면 비교 언어학이다. 그래서 이 시대에 훔볼트는 언어 연구에서 이미 사용된 'Charakter'(특성)나 'Organismus'(유기체) 같은 전문 용어를 보다 자세히 규정하여 적용하였고, 특히 언어 분석에서 경험적 방식에 집중했으며, 언어들 간의 비교를 집중적으로 실행하였다.

훔볼트는 1827에 쓴 *Ueber den Dualis*(쌍수에 대하여)에서 모든 언어를 관통하는 '쌍수'를 통해서 화용적 차원에서의 보편성을 고찰했다. 그는 여기서 언어적(내적 언어 형식과 외적 언어 형식이 만나는) 통합이 어떻게 고정되는가를 보여 주었다. 역사적 연구와 철학적 연구의 사용 방식은 *Ueber den*

Nationalcharakter der Sprachen(1822, 언어들의 민족적 특성에 대하여)에서도 시작되었지만 *Ueber den Dualis*(1827, 쌍수에 대하여)에도 나온다. 이곳에서 훔볼트는 언어분석을 위해서 "순수한 사고와 엄격한 역사적 연구의 통합된 사용이 요구된다"(Humboldt GS VI:6)라고 했다. 이는 이전 논문들에서 사용했던 철학적이며 역사적인 방법을 '쌍수'의 연구에서도 사용하겠다는 의지를 보여 주고 있다. 더 나가서 훔볼트는 '쌍수'라는 문법 형식의 고찰을 위해 비교 방법의 중요성을 강조하고 있다.

훔볼트는 왜 이런 비교언어 연구를 위해 문법 형식이 연구 대상으로 되어야 하는지에 대해 다음과 같이 언급했다:

> "문법 형식이 — 이것이 나의 목적에 알맞은 대상이므로 이것을 계속 연구할 것이다 — 여러 언어들에서 어떻게 이루어지고, 강조되고, 생략되고, 변형되고, 어떻게 다른 것과 연관되어 나타나고, 그 문법 형식이 직접적으로 표현되거나 우회적으로 표현되는가 등을 조망해 본다면, 여러 언어의 상호 비교는 이러한 문법 형식의 개성과 개별적인 언어들의 소여성에 완전히 새로운 가치를 부여할 것이다. 그런 다음에는 여러 언어 안에 있는 그러한 형식이 취하는 특별한 특성이 보통 언어에 있는 여타 문법적 형식들이 지니고 있는 그런 특성들과 비교될 수 있게 되고, 그로 인해 이 보통 언어의 모든 문법적인 특성이 그들 개별 언어의 문법적 원리에 따라 판정될 수 있을 것이다."(Humboldt GS VI:4-5)

훔볼트는 음운, 어휘 그리고 문장이 아니라, 문법 형식이 비교 연구됨으로 언어들의 개별성이 가치를 발휘하게 되고 그런 문법 형식의 특징이 더욱 명확해진다고 했다. 더 나가서 문법 형식의 비교 연구의 필요성을 언급한 후에 특별히 비교에 대하여 그는 "모든 언어에 나타난 문법 형식을 서술하는 것이 중요한 두 번째 이유는 문화 상태와 언어 상태를 각 민족들이 상이하게 처리하는 것을 비교하는 데에 있다"(Humboldt GS VI:6)고 했다.

홈볼트는 모든 언어를 관통하는 문법 형식의 서술을 통해서 각 민족 언어의 문화 처리 방식을 비교하는 전거로 삼았다. 그에 의하면 비교언어연구는 인류가 지향하는 보다 높은 목표를 밝혀서 보여 준다고 주장했다.(Humboldt GS VI:6 참조)

훔볼트는 문법적인 비교를 성공적으로 시행하기 위해서는 정확한 사전 준비를 하도록 요구하는데, 언어 자체의 법칙과 유추과정을 연구하지 않고 소리의 일반적인 유사성만을 쫓으면 두 가지 위험이 있다는 것이다. 그것은 상이한 낱말을 하나의 낱말로 생각하거나, 동일한 낱말을 상이한 낱말로 생각할 수 있는 것과 문법적인 첨가나 굴절들이 강조되는 경우들은 크게 중요하게 생각하지 않는 것이다.(Humboldt GS VI:9 참조)

그는 어떤 언어에 어떤 변화와 어떤 고유성이 있는지를 알려면 언어 비교를 해야 한다고 했는데 이를 위해 문법 연구를 할 것을 이 논문에서 주장한다. 이런 문법 연구의 과정을 그는 두 가지로 구분하였는데, 첫째는 비교연구를 위해 먼저 낱말들을 모으는 과정이고, 둘째는 이 낱말들을 서로 비교해서 문법적 구조의 일치성이나 상이성을 조사하는 과정이라고 했다.
이런 비교언어 연구를 위한 문법 형식으로서 훔볼트는 '쌍수'를 선택하는데 그에 대한 이유를 다음과 같이 언급하였다:

> "만일 사람들이 이러한 문법 형식을 고려하여 언어를 서로 비교한다면 이에 알맞게 문법적 범주 중 — 더 이상 나뉘어질 위험을 걱정할 필요가 없을 — 가장 낮은 단계에 있는 형식을 선택해야 한다. 이런 식으로 하면 우리는 보다 작은 범위를 파악하여, 모든 개별적인 것을 효과적으로 연구할 수 있을 것이다. 그래서 나는 복수가 아니라, 쌍수를 선택했다. 이때 쌍수와 긴밀한 관계에 있는 복수를 항상 고려해야 한다. 그렇지만 복수는 언제나 독자적으로 실현되어 나타날 것이다."(Humboldt GS VI:11)

문법 형식 '쌍수'를 비교하기 위해서 훔볼트는 자신에 제시한 방식대로

'쌍수'를 가진 지역을 한정하고 '쌍수'를 가진 언어들로부터 자료들을 수집하여 분석하였다. 이는 그가 1801/02년의 논문에서부터 지속적으로 주장한 비교언어 연구에서 사전조사를 백과사전식으로 할 것에서부터 기인한다. 그래서 이러한 백과사전적 개관에서 나온 '쌍수'에 대한 그의 견해는 다음이다:

> "간단하게 요약된 이러한 개관을 통해 볼 때 알려진 언어들이 보여 주는 쌍수는 대강 개념과 규모에 따라 상이하게 — 이 쌍수의 상이성은 생각이 분절된 것으로 생각할 수도 있었을 것이다 — 나타나고 있음을 알았다. 하지만 개념으로부터 나온 언어에 대하여 쌍수를 강요하는 위험을 피하기 위해 주로 관찰의 방법을 통해서 나는 이러한 쌍수의 상이한 방식들을 찾으려 했다. 실제로 언어들이 인식되는 것과는 무관하게 이러한 언어형식의 특성을 일반적인 생각으로부터 발전시키는 것은 당연히 필요한 일이다. 만일 사람들이 쌍수를 단지 '2'라는 숫자를 위해서 우연히 만들어진 제한적인 복수로 본다면 그것은 아마도 그렇게 어색하지는 않지만 완전히 잘못된 견해일 것이다. 이를 통해 어떤 다른 선호하는 숫자도 또한 그들만의 고유한 '다수'형식을 가지고 있는가라는 질문이 당연하게 된다. 복수가 두 개의 대상과 관계될 때 이원성을 단지 작은 수로 취급하는 그런 제한된 복수가 언어들의 영역에 등장하는 것은 당연하다. 물론 이 경우에서도 이것은 절대로 순수한 쌍수와 혼동될 수 없다."(Humboldt GS VI:19)

훔볼트가 비교언어 연구를 통해 얻은 결과는 어떤 언어의 문법 형식인 '쌍수'를 단순히 복수와 단수의 중간의 문법 형식으로 이해하면 안 된다는 것이었다. '쌍수'가 아닌 것이 '쌍수'로 혼동되는 경우도 종종 있는데 훔볼트는 파라과이의 아비폰어에서 그 예를 찾는다. 이 언어에는 복수가 이중으로 있다는 것이다. 즉 소수를 협소하게 나타내는 복수와 다수를 넓게 나타내는 복수가 있다는 것이다. 이들은 하지만 '쌍수'가 아니다. 이를 입증하기 위해 훔볼트는 다시 차코 지방의 모코비어를 예로 들어 서로 비교하

여 제시하였다.(Humboldt GS VI:19-22 참조)

홈볼트는 비교언어 연구를 다음 같은 맥락에서 할 것을 주장한다:

> "우리가 어느 정도 완성된 비교언어 연구를 가정해 본다면, 문법과 문법 형식이 언어들에서 취해지는(이것은 내가 파악할 때 개념에 따라서 이해하기 때문이다) 상이한 방식은 여기의 쌍수와 같은 개별적 문법 형식에서 연구되고, 그리고 개별적인 언어에서 연구되고, 각각 경우들이 종합해서 연구되어야 할 것이고, 그리고 결국 이런 이중적인 작업은 보편적인 것으로 생각된 인간 언어의 개요를 언어의 법칙과 가설의 필요성 그리고 언어의 허용 가능성의 범위 내에서 설정하기 위해 사용되어야만 할 것이다."(Humboldt GS VI:22-23)

홈볼트는 비교언어 연구를 하는 경우에 어떤 개별적인 문법 형식을 취하여 모든 언어에 관련된 형식을 연구할 것을 주장한다. 그리고 이런 문법 형식이 어떻게 자연에서 취해지고 표현되며 어떤 세계상으로 이어지는가를 밝히기를 그는 요청했다. 그래서 그는 이러한 쌍수를 이원성의 개념과 연관지어 언어철학적으로 다음과 같이 설명한다:

> "이원성의 개념은 정신의 비가시적인 유기체 안에, 사고 법칙 안에, 정신적 범주의 분류 안에 매우 심오하고 원초적인 방식으로 뿌리내려져 있다: 명제와 반명제, 설정과 폐지, 존재와 비존재, 나와 세계 등이 그것이다. 개념이 세 개로 그리고 여러 개로 나뉘는 곳에서도 세 번째 부분은 원초적 이분법으로부터 나오거나, 사고에서 이원성의 기본 원리로 환원된다.
> […] 특히 언어를 위해 결정적인 것은 언어에서 이원성이 어떤 다른 곳보다 더 중요한 자리를 차지한다는 사실이다. 모든 말하기는 상호 교환적 말하기로부터 기인하고 그러한 말하기에서는 역시 많은 사람들 중에서 말하는 사람은 말거는 사람을 항상 하나의 단위로 설정한다. 사람은 심지어 사고활동에서도 다른 사람하고 말할 뿐 아니라 다른 사람과 하는 것처럼 자신하고도 말한다. 그래서 자신의 정신적인 친족의 영역을 만들

어 내고 '그'와 같은 말하는 사람을 다른 말을 하는 사람과 구분한다. 이처럼 낯익은 사람과 낯선 사람이라는 두 개의 부류로 인류를 나누는 구분은 모든 원초적이면서 사회적으로 인류를 연결시켜 주는 기본 원리이다."(Humboldt GS VI:24-25)

훔볼트는 '쌍수'를 '비교방법'을 통해 연구하였지만, 비교 연구의 본질적인 목적은 '쌍수'에 나타난 철학적인 현상을 탐구하는 것이었다. 그래서 그는 '쌍수'란 명제와 반명제, 존재와 비존재 그리고 나와 세계 등과 같이 심오하고 원초적인 이원성과 연결되어 있으며 이러한 이원성이 인간들의 상호 대화에서도 나타나게 되는 것을 밝혀내었다.

훔볼트의 모국어와 언어 일반에 대한 생각은 근대를 정리하고 미래를 예견하는 것이었다. 그는 모국어를 개별성으로, 언어 일반을 보편성으로 이해했다. 그에 의하면 언어는 모국어이고, 모국어가 언어이다. 모국어의 개별성과 언어의 보편성 사이의 균형을 위해 그는 상호 보완적인 연구를 지속적으로 진행했다. 그래서 우리는 그를 일반 언어학자이며, 모국어 학자라고 이해해야 한다.

4) 훔볼트 이후

훔볼트는 독일과 유럽 내에서 수많은 언어학자, 철학자, 교육학자들에게 영향을 미쳤지만《카비어 서문》을 발표하였을 때 당시의 유럽 언어학은 그와는 다른 방향을 취하고 있었다.

역사비교문법[18]이 바로 그것인데. 예를 들어 프리드리히 슐레겔F.

18 '역사비교문법'에 대해서는 네이버 지식백과《역사비교문법》(안정오)과《독일어 발달사》(안정오)를 참조하시오.

Schlegel, 프란츠 봅F. Bopp, 아우구스트 빌헬름 슐레겔A. W. Schlegel, 야콥 그림J. Grimm 등이 당시에 이 방향에서 연구를 진행했다. 비교언어학은 통시적인 연구를 통하여 언어의 조어에 관심을 가지고 있었는데, 훔볼트는 언어학을 해석학으로 보았는데, 다시 말하면 인간의 자가 성찰의 견지에서 이해하였다. 그래서 이러한 훔볼트의 사상은 매우 소수에게만 영향을 미쳤다. 예를 들어 19세기에 하이만 쉬타인탈H. Steinthal에 의해 훔볼트의 언어사상이 소개된 후에 포테브니야Potebnija, 옐름슬레우L. Hjelmslev, 소쉬르F.de Saussure, 포트A. F. Pott, 폰 데어 가벨렌츠Von der Gabelenz 등이 영향을 받았다. 훔볼트의 언어학은 각 언어들에 나타난 개성과 특성에 대한 심오한 탐구인데, 근대 유럽 언어학은 이를 매우 경시하였다.[19]

하지만 유럽을 넘어서 훔볼트의 사상은 북아메리카에 영향을 주었는데, 예를 들어 뒤 퐁소Du Ponceau, 피커링Pickering, 브린턴Brinton, 보아스F. Boas, 사피어E. Sapir, 워프B.L. Whorf 등은 훔볼트의 구조언어학에 영향받은 연구를 많이 발표했다.[20]

훔볼트는 자신이 살았던 당대보다는 20세기에 유럽에서 보다 더 유명해졌다. 훔볼트의 유산을 공식적으로 인정한 곳은 그의 조국인 독일인데, 입센Ipsen, 트리어J. Trier, 포르치히W. Porzig, 바이스게르버L. Weisgerber 등이 훔볼트의 사상을 수용하여 독일어 연구에 적극적으로 적용하였다, 그래서 그들을 후기 학자들은 '신훔볼트주의자'라고 불렀다.

이에 더 나가서 60년대의 중반 이래로 훔볼트 작품에 대한 언어학자들의 관심이 보다 고조되기 시작했다. 노암 촘스키는《데카르트 언어학》(1966)을 출판하였는데, 그는 훔볼트를 통해서 변형생성문법에 대한 단초

19 '특성의 언어학'에 대해서는 트라반트J. Trabant(1990)의 *Traditionen Humboldts*에 나오는 3장을 참조하시오. 이 책은 1998년도에《훔볼트의 상상력과 언어》(안정오 외 역)라는 제목으로 번역 출간되었음.

20 이들은 주로 인디언 언어를 연구하여 훔볼트가 강조한 언어의 상대성을 증명해 보였다.

를 얻을 수 있었다. 또한 카시러E. Cassirer는《상징철학》(1923, 1925, 1929년)에서, 그리고 하이데거M. Heidegger는《언어의 도상에서》(1959년)에서 훔볼트의 사고를 매우 새로운 관점이라고 높게 평가했다.

훔볼트의 사상을 이해하기 위해 추가로 읽어야 할 책들

신익성 옮김.《훔볼트, 언어와 인간》(카비어 서문 1-29장). 서울대학교출판부. 1993.

신익성 옮김.《훔볼트, 언어와 인간》 하권(카비어 서문 30-34장). 서울대학교출판부. 1998.

안정오.《훔볼트의 유산》. 푸른사상. 2005.

안정오 · 김남기 옮김.《훔볼트의 상상력과 언어》. 인간사랑. 1998.

이성준.《훔볼트의 언어철학》. 고려대학교출판부. 1999.

이성준.《인간과 언어의 정신활동》. 푸른사상. 2007.

이성준.《언어 · 교육 · 예술》. 푸른사상. 2013.

허발.《언어와 정신》. 열린책들. 2013.

Berglar, P: Wilhelm von Humboldt. Reinbek. 1970.

Borsche, T: Sprachansichten. Klett-Cotta. 1981.

Borsche, T: Klassiker der Sprachphilosophie. C.H.Beck. 1996.

Buchholz, U: Das Kawi-Werk Wilhelm von Humboldts. Maks Publikationen. 1986.

Cassirer, E: Philosophie der symbolischen Form Bd.1. Wissenschaftliche Buchgesellschaft. 1988.

Cecare,D.D: W.v.Humboldt. In: Borsche (Hg.) Klassiker der Sprachphilosophie. C.H.Beck. 1996.

Flitner, A./Giel, F: Humboldt Werke in fünf Bänden. Wissenschaftliche Buchgesellschaft. 1960-81.

Haym, L: Wilhelm von Humboldt. Lebensbild und Charakteristik. Osnabrück. 1865.

Ivo, H: Wilhelm von Humboldts Sprache des Diskurses, in: Kodikas Vol 11. S.67-104. 1988.

Liebruck, B: Wilhelm von Humboldt, Sprache und Bewusstsein. Peter Lang. 1965.

Mueller-Vollmer, K: Mutter Sanskrit und die Nacktheit der Südseesprachen: Das Begräbnis von Humboldts Sprachwissenschaft, in: Athäum, Jahrbuch für Romantik. S.109-133. 1991.

Ringmacher, M: Humboldt bei der Arbeit am Mexicanischen. Von der Grammatik zum Wortschatz, in: Zimmermann, Trabant, Mueller-Vollmer (Hg.) S.43-78, 1994.

Schlegel, A.W: Observations sur la langue et la literature provencale. paris. 1818(1971).

Schlegel, F: Ueber die Sprache und Weisheit der Indier. Heidelberg. 1808(1977).

Schleicher, A: Compendium der vergleichenden Grammatik der indogermanischen Sprache. Weimar. 1861.

Schmitter, P: Das allgemeine und vergleichende Sprachstudium bei Wilhelm von Humboldt, in: Sprachdiskussion und Beschreibung von Sprachen im 17. und 18. Jahrhundert. Hg. von Haßler und Schmitter. S.455-491. 1999.

Schneider, F: Der Typus der Sprache. Nodus. 1995.

Steinthal, H(Hg.): Die sprachphilosophischen Werke Wilhelm von Humboldts. Berlin. 1884.

Trabant, J: Traditionen Humboldts. Suhrkamp. 1990.

Weisgerber, L: Grundzüge der inhaltbezogenen Grammatik. Düsseldorf. 1964.

Zimmermann, K/Trabant, J/Mueller-Vollmer, K(Hg.): Wilhelm von Humboldt und die amerikanischen Sprachen. Schöningh. 1994.

빌헬름 폰 훔볼트 연보

1767.6.22 포츠담에서 출생.

1779 부친이 베를린에서 사망.

1787, 가을 프랑크프르트 암 오더Frankfurt am Oder 대학에 입학.
* 괴테가《에그몬트Egmont》와《이피게니에Iphigenie》를 저술. 쉴러가《돈 카를로스Don Carlos》를 저술, 모차르트는《돈 지오바니Don Giovanni》를 작곡.

1788, 봄 괴팅엔 대학으로 전학. 가을, 라인 지방과 마인 지방을 여행. 부인이 될 카로린을 처음으로 알게 됨.
* 포르스터Georg und Therese Forster 부부와 야코비를 알게 됨. 칸트의《실천이성비판Kritik der praktischen Vernunft》이 출간됨.

1789 파리와 스위스로 여행. 같은 해 12월 16일, 에어푸르트에서 카로린과 약혼. 쉴러를 알게 됨.
* 프랑스혁명 발발. 바스티유 감옥 폭파.

1790 베를린 대법원에서 사법관 시보로 근무.

1791 봄, 공사관 참사관으로서 공직 사퇴.

1791.6.29 에어푸르트에서 카로린과 결혼.
* 헤르더의《인류사의 철학에 대한 단상들Ideen zur Philosophie der Geschichte der Menschheit》이 출간됨.

1792-1793 튀링엔 지방에 있는 장인의 땅에서 시골 생활. 에어푸르트, 베를린, 바이마르, 예나를 여행.

1795-1796 베를린 테겔Tegel 성에 체류.

1796, 가을 북독일(Rügen, Eutin, Hamburg, Wandsbeck)로 여행. 같은 해 1월 1일 예나로 돌아

옴. 같은 해 11월 14일, 어머니 엘리자베트Elisabeth von Humboldt, 사망. 콜롬브Colomb 출생.
* 괴테의 《빌헬름 마이스터의 학습기Wilhelm Meisters Lehrjahre》와 티이크의 《빌리암 로벨William Lovell》이 출간됨.

1797 6월부터 8월까지 드레스덴에 체류. 같은 해 가을, 비엔나로 여행. 같은 해 11월에 파리로 이주.

1799 미학적인 시도인 괴테의 《헤르만과 도로테아Hermann und Dorothea》의 첫 번째 부분이 출간됨.
* 쉴러의 《발렌슈타인Wallenstein》 출간됨.

1799-1800 7개월 동안 스페인 여행.

1801 프랑스와 스페인 바스크 지방을 여행함. 같은 해 8월에 가족들이 있는 독일의 테겔로 돌아옴.

1802-1808 로마의 프로이센 주재 공사를 지냄.

1804 카로린 독일 내륙과 파리 여행. 아메리카에서 돌아온 동생 알렉산더가 로마에 같이 체류.
* 베토벤 3번 교향곡 〈영웅Eroica〉 작곡.

1809.2.20 내무부서의 문화와 강의를 위한 분과의 장으로 임명됨.

1810.6.14 비엔나 대사로 임명됨.
* 슐레겔A. W. Schlegel이 세익스피어 드라마 17개를 번역함. 스타엘de Staël 부인의 《독일De l'Allemagne》이 출간됨.

1812.7-8 베를린과 튜링엔 지방으로 휴가.

1814.2-3 샤티용 의회의 프로이센 대표자. 같은 해 8월에는 비엔나 의회에서 프로이센의 부대표자로 선출됨.
* 그림Jacob und Wilhelm Grimm의 《어린이 가정 동화Kinder-und Hausmärchen》가 출간됨. 베토벤의 〈피델리오Fidelio〉가 초연됨.

1815.7-11 파리에서 열린 평화협정에 참여.

1816 《아가멤논Aeschylos' Agamemnon》 번역.
* 봅Franz Bopp이 인구어의 친족성을 발견.

1817.7 베를린의 추밀원 회의에 참석. 같은 해 9월과 11월 영국에 대사로 파견됨.

1818.10.30 런던을 떠남. 같은 해 11월과 12월에 아헨의회의 참관인으로 참석.

1819.1.11 문화부 장관으로 임명된 후 하르덴베르크과 의견 충돌로 12월 사퇴.

1820-1835 언어 연구가와 언어철학자로서 연구를 시작함.

1829.3.26 부인 카로린 사망.

1830.9.15 추밀원에 재소환됨.

1835.4.8 베를린 테겔 성에서 사망.
* 독일 의회가 하이네Heine, 구츠코브Gutzkow, 뵈르네Börne, 라우베Laube 등의 작품을 금지함. 뷔히너의 《단톤의 죽음Dantons Tod》이 출간됨.

언어의 민족적
특성에 대하여

초판 발행 2017년 1월 31일
초판 2쇄 2017년 4월 28일
지은이 빌헬름 폰 훔볼트
옮긴이 안정오
펴낸곳 고려대학교 출판문화원
www.kupress.com
kupress@korea.ac.kr
02841 서울특별시 성북구 안암로 145
02-3290-4230, 4232
Fax 923-6311
찍은곳 (주)동화인쇄공사

ISBN 978-89-7641-923-1 93700

값 15,000원